跟着LUCY去留学

——北美中学篇

Lucy SHIH / 著

文匯出版社

图书在版编目（CIP）数据

跟着Lucy去留学：北美中学篇 / Lucy著．—上海：文汇出版社，2012.11
ISBN 978-7-5496-0699-3

Ⅰ．①跟… Ⅱ．①L… Ⅲ．①留学教育—概况—北美洲 Ⅳ．①G649.71

中国版本图书馆CIP数据核字（2012）第238479号

跟着Lucy去留学——北美中学篇

Lucy SHIH / 著

责任编辑 / 竺振榕
装帧设计 / 郭天容

出版发行 / 文汇出版社
上海市威海路755号
（邮政编码200041）
经　　销 / 全国新华书店
照　　排 / 上海杰申电脑排版有限公司
照　　排 / 上海丽佳制版印刷有限公司
版　　次 / 2012年11月第1版
印　　次 / 2012年11月第1次印刷
开　　本 / 720×960　1/16
字　　数 / 150千
印　　张 / 15.5

书　　号 / ISBN 978-7-5496-0699-3
定　　价 / 58.00元

目　　录

CONTENTS

申请留学的时间安排表

入学准备

入学之后

LUCY 谈中学留学

十多年以前，中国学生在中学时代出国留学是大部分家长想都没有想过的事，美国签证对于所有的中国申请者来说都是持不欢迎态度，加拿大在北京的签证处当初也直接宣布不鼓励 18 岁以下的学生来申请学生签证。当时只有澳大利亚、新西兰、新加坡和英国等国家对于中国的“小留学生”还算开放。

2000 年初，中国居民出国留学的政策慢慢开放，越来越多家长开始咨询有关中学出国的可行性。对于父母来说，无非是望子成龙、望女成凤，在这样竞争的社会里，绝不能让孩子输在起跑点！让孩子离开中国的竞争压力，到外国去和国外的孩子竞争，这样能够真正减轻多少压力？把正值青春期的孩子送到千里之外去学习，家长担心的不光是孩子未来的学术、职业发展，安全更是他们最重视的问题。

我自己从中学就在北美学习，对北美的教育自然是最熟悉，但是在北美中学未对中国学生开放的情况下，英国中学成为了当时的学生和家升最好的选择：英国有众多的寄宿制学校，而且英国的基础教育质量非常精良，于是我们开始跟英国的寄宿中学合作，在中国各地小规模招生。英国寄宿学校全都是私立的，费用相对比较昂贵，但大多家长看得到一个全面英语教育及严谨的英国式培训给孩子接下来一生所做的准备，都愿意在孩子身上投资。

从 20 世纪 90 年代开始，每年我参加大大小小的国际教育会议，包括美国的 NAFSA，欧洲的 EAIE，亚洲及太平洋区的 APAIE，后来很荣幸地成为 TABS（北美寄宿中学协会）的一员，及 NAIS，及后来新成立的加拿大 CAIS、瑞士的 Swiss Learning，还有国际性教育组织会议 AAIEP，ALPHE，BMI，ICEF，IH，IALC，IECA，NACAC，WEBA 等等，并从中结识了很多教育界的重要领导者和好朋友。

2004 年，在国际教育界领导的支持下，我创办了 iBAF — International Board Abroad Fair（国际寄宿学校交流协会），第一年邀请了 5 个国家的寄宿学校到中国来参加我们 iBAF 举办的“国际寄宿学校交流会”。这些学校来自美国、英国、加拿大、澳大利亚和新西兰。我还记得我们在北京的第一场交流会在周末上午 10 点钟开始，同事们 8 点到会场开始布置时已经有家长和同学在酒店等了。其中有一家人从西安坐火车到北京，早上 6 点多就到酒店等候了，还有一家人为了参加我们的交流会，前一天就从哈尔滨搭飞机来北京住在我们交流会所举办的酒店。当天的交流会非常成功，学校代表有的是校长，有的是招生主任，家长们对学校的情况问得非常详细，并且对于能够面对面地和学校校长或老师直接交流放心很多，学校代表们也对参加同学的素质和程度都非常满意。这次交流会也引起了北京各大媒体的关注。

当年来参加 iBAF 的同学们，如今有的已经进入名牌大学，有的大学毕业并且成功地进入职场。对于这些中学留学的先锋们，我不得不佩服这些家长在这个市场还没有注意到中学生也可以出国留学的时代就已经留意中学出国的信息，并把握住所有能够了解各个国家和学校的机会。

2005 年，iBAF 在中国的交流会吸引了更多国外寄宿学校来参加，除了美国、英国、加拿大、澳大利亚、新西兰之外，还有瑞士、德国、印度、新加坡和泰国的国际寄宿中学前来参与。其中，有 5 个学校来自美国。当年中国学生申请去美国的学生签证成功率不到一半，更别说中学生了，但是我印象很深的是，在交流会上 5 个美国学校的区域挤满了很多的家长和同学。这些学校来中国之前对中国完全是陌生的，但通过这次交流会他们开始对中国学生建立了信心，也注意到了这个未开发的市场。

2005 年 iBAF 交流会中的美国和加拿大寄宿中学都是 TABS（北美寄宿中学

协会）的成员学校，很快的，TABS 也开始重视到在中国的招生计划，于是他们和我保持密切联系，并共同策划将 TABS 交流会带入中国的壮举。

2006 年，TABS 第一次进入中国。当时美国及加拿大中学到中国来招生还是抱着半信半疑的态度，他们都听说中国市场很大，也听说很多人想到美国去上大学，可是中国家长会让孩子在十四五岁青春期离开家到遥远的北美洲去上中学吗？以美国加拿大签证处对中国中学生的拒签率来看，申请到美加读中学是一个比较冒险的举动。

TABS 从 20 世纪 90 年初开始，每年秋冬在亚洲各大城市进行巡展，从首尔、东京、新加坡、曼谷，到中国香港、台北，每年有 30~40 个寄宿中学会员参展。2006 年第一次进入中国之前，当时的会长 Ruzicka 和我一起讨论几次之后，决定在 2006 年秋季举办第一次北美寄宿中学在中国的交流会，因为对市场的把握不大，我们决定从上海开始。第一年，北美寄宿中学的校长们对于新的中国市场非常好奇，总共来了 68 所学校，这个数字已经突破了 TABS 亚洲巡展的最

2006 年首届 TABS 招生展，吸引了许多来“吃螃蟹”的家长和学生。

高纪录。那年巡展我们选在上海商城的波特曼利兹卡尔顿酒店举行，当时在这个“没有人穿鞋”的市场，我们只有几十个学生在网上注册。当天 68 个学校准备好了迎接中国同学的到来，会场上总共来了近 200 名学生，再加上家长，短短两小时的展会挤满了人，学校也被这个庞大的市场吓到了。在中国家长对美国学校一知半解的情况下，很多家长带着学生像无头苍蝇般在人潮中找寻那个“适合”的学校。

在中国，每年各大城市都有举办所谓的国际教育展，通常都聚集了世界各地各种专业、各种语言及程度的院校，要找寻一个适合中学生的学校并不容易。在 TABS 第一届展会中，很多学生已经在中国读高一，甚至高二，希望到美国去完成高三课程，毕业以后可以直接升美国大学，在和美国的招生老师问询之后才失望地知道这样的做法并不明智。原因我在后面会详细介绍。也有同学用半生不熟的英语和美国学校的老师交谈，老师很客气地称赞一番之后，鼓励同学把英语学好一点再考虑申请他们学校。这让家长们非常错愕，他们心目中的

TABS 招生展现场求知若渴的学生

出国留学，是英文不好可以到国外再学，只要付钱学校就一定会接受。

在68个学校里面，最受家长欢迎的学校莫过于位于加州和纽约州的学校了，因为很多想要送孩子出国读中学的父母都有亲戚或朋友在这两个地方，希望孩子远渡重洋到美国留学，能够就近有亲戚朋友照顾，事实上这样的顾虑是没有太大必要的。

低龄留学，从这时开始受到媒体的关注，国内外的媒体对此现象产生了不少争议。在中国家庭开始注意到美国、加拿大读中学也是一种不错的选择时，低龄留学形成了一股热潮。接下来的几年，我们的工作成为了教育中国市场和家长。我们定期举办说明会、中学留学巡展，在各大教育杂志和报纸开设专栏，让中国家长明白以下几点：

（1）到北美中学留学要有一定的经济基础，家长要准备的不只是中学的费用，一旦孩子出国读中学，就不可能回到中国读大学，所以在美国、加拿大高中毕业之后，大学的学费、生活费也是一个不小的预算。

（2）到北美中学留学不应该是一种逃避中考或高考的途径，中学留学的学生通常要有一定的英语基础，而且孩子要有离家千里之外、不在父母身边生活的能力。

（3）学生必须准备好接受西方的教育方式、文化、生活习惯、礼仪等。

（4）团队协作能力。美加寄宿学校对于团队协作能力特别看重，因为在他们录取你之后，你将会和很多“新的家人”住在一起，这些人包括和你年纪相仿、来自美加和世界各地的同学，还有老师、教职员等。除了平常上课之外，下课时候的课外活动、用餐时间、休息时间、甚至睡觉时间，你几乎没有一个人独处的机会。如何融入团体成为一个受欢迎的人？这对于寄宿学生来说更是一门重要的功课，也是寄宿学校决定是否录取申请者的重点之一。有的家长会觉得“团队协作能力”是一个很虚的说法，事实上从学生和同龄人的交流互动、和成年人的沟通等行为，都可以看得出申请者是不是一个主动、热心助人的同学。而你的申请材料中可能会提到你喜欢的活动，例如玩电脑游戏、阅读、打高尔夫球、保龄球、画画、钢琴、射箭、骑马等等。从这些你所喜欢的活动里，老师可以间接地判断你的个性和为什么会选择这些活动。

（5）独立能力。在美加的寄宿中学学习环境里，虽然管理严格，但是学校所建立的系统，没有人会 24 小时盯着你做功课、读书、准备考试。虽然时间表有详细的安排，同学们必须用自己的方式遵守规定，学校给同学们绝对的选择空间，也期望所有的同学遵守规定。同学们需要养成独立思考和安排时间的能力。尤其是没有离开过家长的学生，在这个方面的经历可能欠缺，对于寄宿学校来说，希望学生在离开父母的情况下生活能够表现得和以前一样，甚至更好。对于十几岁的同学来说，不一定每个人都有离开父母的生活经验，但是对于学校来说，他们很难判断他们所接收的这些年轻学生是否能够适应跟在中国完全不同的学校生活，所以在申请的过程中，如果能够让招生老师知道你有独立生活的能力和经验的话，对你的申请会有一定的帮助。

（6）社会责任感。很多独生子女被父母和祖父母、外公、外婆宠爱，不光从小衣食无忧，也很少主动对别人提出帮助。当然对于美加的私立学校来说，就算是当地的学生也可能有这些问题，所以学校希望同学们有一定的概念和意识，能够主动地帮助身边的人。社会责任感当然还包括无论是生活上或是学习上的大小问题、环保意识、爱护公物、尊敬别人等等。这些从同学们的谈话和他们所关心的事务和活动里都可以看得出来。

从 2006 年第一届 TABS 招生展至今，北美寄宿中学协会每年邀请我参加他们在美国当地的年会和国际研讨会，在会议中和所有会员学校的校长和招生主任都有深度探讨和交流如何帮助中国学生在新环境顺利成长的议题。我也受到协会委任，定期给所有会员学校的招生老师和宿舍管理老师培训，并和他们探讨中国学生申请上所经历的过程，参加培训的老师们都非常希望能帮助中国学生在美国、加拿大生活学习得更加成功。很多美国、加拿大老师也会提出他们在工作中碰到的难题，大多是文化差异和生活习惯上的问题，加上青少年时期转换成长空间所产生的压力使这些问题更加明显，并探讨如何帮助学生解决问题的方案。2012 年初，协会举办的第一届国际议题研讨会在美国首都华盛顿举行，所有关心国际议题的会员学校校长和高层管理人员、招生主任等都踊跃参加，包括十大名校的代表。

北美寄宿中学协会会员学校到中国招生的数量逐年增加，而中国学生到北美寄宿中学留学的数量也渐渐饱和，从 2010-2011 年开始，北美寄宿中学到中国招生的需求越来越小，因为就算他们不到中国来招生，每年也会收到大量中国学生的入学申请。

选择中学留学有哪些利弊呢？

北美的高中从 9 年级就开始，相当于中国的初三，无论是十二三岁到北美去读初中，还是十四五岁去读高中，很多中国家长都很犹豫。事实上，低龄留学并不一定适合所有的中国学生。中学留学和很多决定一样，有利弊两面。

（一）利

（1）提早让孩子离开被父母、祖父母、外公外婆万千宠爱在一身的环境，学习独立生活，明白自己的能力、判断力和潜力。

（2）如果目标是美国大学的话，在打好中文基础之后，提早接受西方教育。

2011 年 TABS 招生展火爆的咨询现场，低龄留学吸引越来越多的中国家庭。

美国 Choate Rosemary Hall 最具代表性的建筑

与中国的学校相比，国外私立中学实行小班制教学（3~12 人一个班），每个学生得到相等的重视，在课堂上被鼓励发言，和老师同学间积极互动；提早进入用英语思考的全英语教育。

（3）除了应试之外，培养孩子责任感，和学校老师一起选课、排课、选择课外活动，对自己所做的选择付出努力并得到成就。

（4）在青少年成长的最重要阶段，获得活动、体育、科学及美术、音乐、表达能力等全方面的发展机会。

（5）学会一口纯正的英语，在 15 岁之前让孩子进入全英语的教学环境，对于孩子能够说一口地道的英语是一个最好的方法。

（6）长期和年龄相仿的孩子一起生活学习，培养团队生活能力和领导能力。

（7）培养孩子世界观，从小建立人脉基础。

（二）弊

（1）在孩子不愿意的情况下，单方面由父母决定将孩子送出国，可能会造成孩子的心理阴影和对国外学校的抵触情绪。

（2）北美寄宿中学的价格相对国内教育昂贵许多，并不是所有家庭都能承受。

（3）有些学生带着逃避心理出国，以为国外的学校学习较轻松，不需要努力，但事实并非如此。

（4）同学们必须有一定的课外活动，如何在各项校内外的活动及比赛中脱颖而出，对于只擅长于考试和读书的孩子来说是一项挑战。

（5）学生们除了思念父母之外，在美加私立中学同样有考试，而且作业和平常的表现也算在成绩单里。每个同学都要求参加演讲、上台报告、参加活动等，这对于只会读书和考试的孩子就难得到好的成绩。同时要长时间和同学老师融洽相处，对于独生子女的中国孩子来说可能需要一定的过程适应。

还要注意的是，中学留学的目的不应该是逃避中考和高考，而是给孩子一个比这些考试之外更宽广的选择，家长和孩子同时要付出努力，因为出国留学的孩子年纪小，父母对国外学校的情况了解得越全面越好，在深思和比较下做出一个对孩子最好的学习计划。

中国学生到美国中学留学的数字，从2006年的65人增加到2011 / 2012学年的14833人，可以看出中国家长对于中学就送孩子留学，不能输在起跑线的概念已经越来越强了。在这个阶段，家长的功课和孩子一样重要。如何帮孩子选择一条适合的道路，让他们顺利健康快乐地成长，是所有家长的心愿。希望我这本书可以成为家长决定是否送孩子中学去美加留学的决策参考，并且教家长如何完成这个父母和孩子共同的留学梦。

TABS（北美寄宿中学协会）介绍

TABS（the Association of Boarding Schools）即北美寄宿中学协会，是一个由来自美国、加拿大等国家285所寄宿学校联合的公益性组织，总部位于北卡罗莱纳州的阿什维尔，具有独立运作、非盈利等性质。该协会专门为大学预备寄宿学校的招生和专业发展提供服务，同时也为需要了解寄宿中学的家庭和个人提供信息。目前TABS的285个会员学校里，有252个位于美国，28个位于加拿大，另外有5个在北美洲以外的地区，包括阿富汗（1）、澳大利亚（1）、约旦（1）、瑞士（2）、英国（1）。

TABS的成员学校大多具有悠久的历史，其成员学校不仅继承了良好的教育传统，并且注重学术创新，从而能不断丰富学生生活。学校规模从少于百名学生到近千名学生不等。坐落于乡村的学校可以拥有数百英亩的田园式校园，栖居在城市的学校则将城市作为学生扩展学习的理想场所。有些学校拥有出众的运动团队，而有些学校则在视觉艺术、表演艺术等方面胜人一筹。高品质的教育质量造就了无数的社会精英，像Facebook创办人马克·扎克伯格、微软创办人比尔·盖茨、哈佛大学校长德鲁·佛斯特以及包括约翰·肯尼迪、克林顿与小布什在内的多位美国总统，也都是私立寄宿中学的杰出校友。

要成为TABS的成员需经过评估，首要条件当然是能够提供住宿条件的私立、非营利性质学校。协会会邀请其他学校的老师和管理人员来对申请学校进行评

TABS 招生展现场，学生与招生官相谈甚欢。

估，来确认会员学校的入会资格。这些评估者必须证明该校是否符合独立实体所制定的一系列严格的标准。

TABS 第一次登陆中国是在 2006 年 11 月 3 日上海的展览，由此拉开了 TABS 在中国的大幕。当时有 68 所学校参展，其中不乏一些大家现在都非常熟悉的知名中学：加州的 The Athenian School，The Webb Schools，Woodside Priory School，麻省的 Brooks School，宾州的 Wyoming Seminary，德州著名女校 The Hockaday School，纽约州的著名女校 Emma Willard School，康州著名男校 Avon Old Farms School 等。2007 年的 11 月 2 日，TABS 展又来到了北京，参展学校也由 2006 年的 68 所增加到 72 所。以此为开端，TABS 开始广泛被学生和家长接受和认可，影响力也一年比一年大。发展到现在，一年一届的巡展（招生会）已经成为北美私立寄宿中学在中国和亚洲的留学盛会。

寄宿学校的承诺，激发灵感的力量

——来自 TABS

寄宿制校园坐落在风景秀丽的地方，这里能激发学生超越课堂以外的学习方式。在这里，你的老师同时也是你的教练、顾问和导师。这里会鼓励你，赋予你力量并推动你在学术、身体和交际方面取得更大的进步。这里会赋予你强大的力量，一种无论你走到哪里都拥有的力量。这是一种如此强大的力量以激发你超乎想象的一切可能。

卓越的学术力量

无可匹敌的学术课程，高品质、充满热情的师资力量，寄宿中学教育跻身于世界顶尖教育之列。

这些极具挑战性的课程也非常的有趣儿，有时甚至会很酷。绝对够酷的是小班授课，师生之间可以进行更加有意义的积极互动。但是在一个师生比例为 24/7 的学习环境中，小班授课仅仅是开始而已。91% 寄宿学校的学生认为他们学校的课程更具挑战性，与之相比，只有 70% 私立走读和 50% 公立学校的学生这样认为。

很多老师也是“寄宿者”——他们和家人一起住在校园里。这些老师不仅仅是你一周只能见到几个小时的辅导员，他们更是教练、顾问和导师，为学生提供支持和指导以激发和鼓励学生取得更大的进步。这些老师是寄宿学校日常生活的重要成员，而且师生间的友谊会延续到学生毕业以后。

90% 寄宿学校的学生认为他们拥有高素质的老师，与之相比，只有 62% 私立走读和 51% 公立学校的学生这样认为。与私立走读和公立学校的学生相比，寄宿中学的学生享有更多课外时间和老师、教练和学校管理员在一起——大约每周 9 小时，而其他学校的学生仅为每周 4 小时。

学习氛围的力量

毫不夸张地说，课内外的任何互动——例如在宿舍、运动场地、餐厅的午餐时间、教堂，或者在社区服务中所从事的一切活动——都是学习的好机会，同时也是建立永恒友谊和创造美好回忆的好机会。

寄宿学校吸纳来自全国和世界各地的学生，他们都是寻求为大学和今后人生做尽可能最好准备的年轻人。每一名学生都为教育体验和校园生活带来了独特的视角和多元化的元素。在这样一个充满活力的团体里，学生们会不由自主地建立起广阔的世界观。

59% 寄宿学校的学生描述说他们学校有来自不同种族和民族的学生，与之

加拿大 Shawnigan Lake School 校园中静谧的小湖

美国 St.Paul's School 食堂悬挂着来自各自国家的国旗，昭示着多元文化背景的感染力。

相比，只有 19% 的私立走读和 39% 的公立学校学生这样认为；75% 寄宿学校的学生认为他们的同学都是积极主动的，与之相比，71% 的私立走读和 49% 的公立学校学生有相同的看法。

独立的力量

寄宿学校像对待青少年一样对待学生，也就是说，他们给予学生足够的自由！（学生们会为此欢呼雀跃，家长们却为此感到担心。）事实上，这种自由更有利于学生的成长而非导致散漫。

70% 寄宿学校的学生认为学校帮助他们发展了自律性、成熟性、独立自主性以及批判性思维能力。

寄宿中学的学生要遵守宵禁并为自己的行为承担责任，他们就和老师和导师居住在同一个环境里。在这个结构化的环境中，学生们逐渐变得成熟起来并且增强了他们的自律性。他们掌握了批判性思维技巧和生活技巧，这些都将促进他们在大学乃至今后生活中取得成功。因为年轻人要为他们自身和他们的教育负责，他们学会了如何从失败中恢复过来并战胜困难。他们从中赢得的自信和自我意识帮助他们达成目标。在这个过程中，年轻人会发现他们的内在力量。

78% 寄宿学校的毕业生表示他们为大学生活中非学术方面做好了充分的准备，比如独立性、社交生活和时间管理，与之相比，只有 36% 私立走读和 23% 公立学校的学生这样认为。

成功的力量

寄宿中学为学生在大学和今后人生中取得成功提供了一个良好的开端。寄宿学校可以使学生为自己的未来做好准备，这点是极为重要的，也是学生家长非常关注的。这就是毕业生能轻松地过渡到大学生活，并且能够有效地处理自己的生活和管理好时间。

换言之，寄宿学校的毕业生不会因为大学生活压力而崩溃，因为他们已经知道如何去应对压力。作为成功的本科生，他们很多人选择继续攻读研究生。87% 寄宿学校的学生认为他们已经为攻读大学做好了学术上的准备，与之相比，只有 71% 的私立走读和 39% 公立学校的学生这样认为。除了高等教育，寄宿学校的毕业生在他们的职业生涯中都取得了很高的成就。很多商界、政界、学术界和娱乐界的领军人物都毕业于寄宿中学。寄宿中学毕业的学生更愿意服务他人，他们致力于民间和社区活动并为慈善事业做贡献。他们通过这样的方式回馈社会、传递爱心、改善世界。在职业生涯中期，44% 的寄宿学校毕业生获得了顶级管理职位，与之相比，私立走读学校和公立学校毕业生获得此成就的比例分别是 33% 和 27%。寄宿学校的毕业生更热衷于慈善事业，到职业生涯中期，60% 寄宿学校的毕业生会投身于社会服务组织，而非寄宿学校的比例是 46%；58% 寄宿学校学生会资助党政工作，而非寄宿学校的比例是 33%；52% 寄宿学校学生会回报他们曾就读的大学，而非寄宿学校的学生的比例是 35%。

Pete Upham

（北美寄宿中学协会会长）

（以下是来自 TABS 的原文）

THE PROMISE OF BOARDING SCHOOL

THE POWER OF INSPIRATION

IMAGINE a place situated on a beautiful residential campus that inspires learning way beyond the classroom. Where your teachers are also your coaches, counselors and mentors. A place that encourages, empowers and inspires you to push yourself academically, physically and socially. A place that gives you a gift so powerful that you will take it with you wherever you go. What is the gift of boarding school? The power of inspiration. A power so great it inspires possibilities you never dreamed possible. Can you picture it? That's boarding school. Keep reading.

x+y-z≤2
die School NJ

H2O
You'll feel inspired
to learn, to meet new friends,
and to challenge yourself.
You'll even feel inspired
to surprise yourself.
RRD to replace
this photo with the
one they manipulated
Santa Catalina S
Monterey Bay

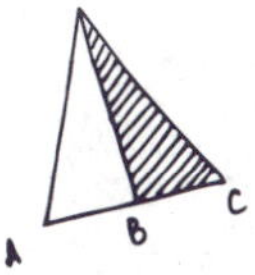

HE POWER OF SUPERIOR ACADEMICS

arding school education is among the best in the world, with ralleled academic programs taught by highly qualified, passion- ducators. (If you thought those were lofty adjectives, get ready.) challenging courses are also exciting, and sometimes even What's definitely cool is that, thanks to small classes, students nteract more meaningfully with instructors and classmates. But in /7 learning environment, the classroom is just the beginning.

1% of boarding school students report that their schools are cademically challenging, compared to 70% of private day nd 50% of public school students.

Many teachers are also "boarders" — they live right on campus with their families. These teachers are more than instructors you see just a few hours a week. Much more. They are coaches, advisors and mentors, offering support and guidance to motivate and inspire. They are a vital part of daily life at boarding school, and their friendship can last well beyond graduation.

90% of boarding school students report having high-quality teachers, compared to 62% of private day and 51% of public school students; boarding school students enjoy more time with teachers, coaches, and staff members outside class than private day and public school students – about 9 hours per week, compared to 4 hours for other students.

Miss Hall's School MA

The Lawrenceville School NJ

THE POWER OF A LEARNING COMMUNITY

Every interaction in and outside the classroom — in the dorm, on the playing field, over lunch in the dining hall, in chapel, or on a community service project — is a learning opportunity. And an opportunity to build lasting friendships and great memories. That's not overstating things.

Boarding schools draw from across the country and around the world exceptional young people who seek the best possible preparation for university and for life. Each student brings a unique perspective and diversity to the educational experience and to campus life. In such a vibrant community, students can't help but develop an expanded view of the world beyond their own neighborhood.

59% of boarding school students describe their schools as having students from many races and ethnic groups as oppose to 19% of private day and 39% of public school students; 75% report being surrounded by motivated peers, compared to 71% of private day and 49% of public school students.

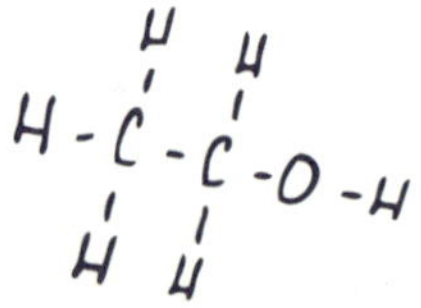

Leelanau School MI

HE POWER OF INDEPENDENCE

rding schools treat students like young adults. That is, they give ents their freedom! (Throngs of youth cheer jubilantly while par- gasp with concern.) Well, the truth is that this freedom looks a nore like growing up than going wild.

70% of students say that boarding school helped them develop self-discipline, maturity, independence, and the ability to think critically.

rding school students have curfews and responsibilities and live t down the hall from teachers and mentors. In a structured envi- nent, students mature and increase their self-discipline. They gain cal thinking skills — and life skills — that promote success in college and beyond. As young people take responsibility for themselves and their education, they learn how to survive failure and overcome obstacles. They gain the confidence and sense of self that will help them achieve their goals. In the process, young men and women discover inner strength.

78% of boarding school graduates say they were very well prepared for the non-academic aspects of college life, such as independence, social life, and time management, compared to 36% of private day and 23% of public school students.

Suffield Acad

THE POWER OF SUCCESS

Boarding school serves as a superb launching pad for success in university and in life. It prepares students for that important but somewhat vague reality parents always seem to be going on about — the future. Here's how:

Graduates are academically prepared, transition to college life with ease, and effectively handle independent living and time management. In other words, they don't fall apart under the pressures of university life because they already know how to manage it. They succeed as undergrads, and many choose to go on to graduate school.

87% of boarding school graduates report being very well prepared academically for university, compared to 71% of private day and 39% of public school alumni.

Beyond higher education, boarding school alums are highly success in their careers. Many leaders in business, government, academia, c entertainment are graduates of boarding school. Boarding school al also are more likely to serve others by engaging in civic and commu activities and contributing to charitable organizations. They give bac They pay it forward. They make a difference.

By mid-career, 44% of former boarding school students achie positions in top management, compared to 33% of private dc and 27% of public school graduates. Alumni are more philanthropic: by mid-career 60% give to social service organizations, compared to 46% of all others; 58% to political parties, compared to 33% of all others; and 52% to their universities, compared to 35% of all others.

Pete Upham

Director of TABS

Boarding schools inspire students to become leaders who serve their families, their communities and the world at large. That's success.
merican School in Switzerland

北美中学留学概况

美国和加拿大的中学简单分成公立和私立两种。

私立中学（Private School）

和公立中学最大的不同就是，私立中学没有任何政府或国家的经费，学校的建立和管理、经营，完全都是由私人投资，包括基金会、董事会、宗教团体等。私立中学可以简单分成两大类：私立寄宿中学和私立走读中学。

（一）私立寄宿中学（Boarding School）

顾名思义就是提供住宿的中学，大部分寄宿中学提供七天住宿，也有的中学可以提供五天住宿的选择，有的当地学生会选择周末回家。

1. 美国寄宿中学

美国寄宿中学是很受欢迎的一个中学留学类别的选择，最主要的原因当然不外乎很多人把美国寄宿中学当作通往美国名牌大学的跳板，所以近年来申请美国寄宿中学的竞争相当激烈，尤其是几个比较受中国家长青睐的名校。寄宿中学对学生所提供的教学计划和课后活动、三餐、晚自习、团体活动等，都有完善的安排。家长可以把孩子交给学校，不用担心每天接送、监督做功课等问题。集体住校对于学生和同龄人、和长辈等相处是个很好的锻炼机会，尤其对来自人口少的家庭的学生。寄宿学校的学生来自各种不同生活背景，目的都是为了

美国 The Loomis Chaffee School 西班牙语非常受欢迎

将来能进入好的大学，长期和有共同目标的同学一起生活学习，不但可以开阔视野，同时可以建立日后强有力的社交圈。在寄宿学校的环境里，师生比例低，学生可以随时得到老师的帮助，无论是生活、精神或是学业上。

2. 加拿大寄宿中学

加拿大寄宿中学系统和美国基本一致，包括年级分配、教材程度、入学要求、申请程序等。寄宿学校给同学们提供的机会也都和美国不相上下，不同的是，大多数加拿大寄宿中学有严格的制服要求，和英式的寄宿学校比较类似，而美国的寄宿中学大部分没有制服。虽然没有美国寄宿中学的数量多，但加拿大整个国家的环境相对更安定，所以加拿大寄宿中学也受到很多中国家长的欢迎。TABS 会员里有 27 个加拿大会员学校，只有美国寄宿中学数量的十分之一，即使在申请人相对少的情况下，有的学校的入学条件也并不低于美国的寄宿中学。

加拿大 St.Margaret's School 校园绿草如茵（上）；温馨的宿舍起居室（中）；美术课堂（下）。

加拿大中学的毕业文凭可以申请加拿大、美国和其他国家的大学。

3. 寄宿学校的种类

（1）男女合校（CoEd School）

男女合校也称混校，北美中学这一类的占大多数，提倡男女同学共同学习、活动、竞争，在一个自然公平的环境下成长。

（2）男校（Boys School）

男子中学的宗旨就是在男孩成长为一个男人的过程中，指导他们学习并且茁壮。单性教育的专家指出，男孩和女孩在 15 岁上下这段时间的学习速度有 2~3 年的差距，同时男孩女孩在这段时间的心智成熟情况、所关心的事物等，都是不同的。在这样的情况下，最有效的教学方式就是将男孩和女孩分开教学。一般男校在周末或是节庆的时候都会和附近的女校举办健康的社交活动，让男校和女校的同学有机会认识异性并有互相交流的机会。

（3）女校（Girls School）

在美加，女校比男校多，一般女孩的家长对于女校的接受度比男校高，所以数量上来说，女校也比男校多一点。女校的优势除了单性别教育的特点之外，和混校的环境相比，女孩在女校各项活动、运动，各类组织、俱乐部中能平等竞争，对领导能力的培养相对机会比较多。女校毕业的女孩整体来说更加有自信，目标更明确，未来在学术或是职场脱颖而出的机会更大。

（4）军校（Military School）

军校的特色就是军事化管理学生，让学生从小遵守规矩、学会服从，并给予每个学生成为领导的机会。军校的学生除了有军事化的锻炼机会、严格的生活管理之外，学术类的课程与其他的高中都一样，也有音乐美术课和课外活动，同学也是以上好大学为目的。有的家长误以为去军校的学生以后就一定要去从军，事实上不是这样的。很多军校的管理人员是退役军官，学生在学校也用“长官”称呼这些有军衔的老师。

（5）初中学校（Junior School）

美国和加拿大都有初中学校，一般寄宿初中提供6~9年级的学生住宿。初中学校的好处是，一般如果入学的年级早，对于入学的要求比较低，学生毕业后申请好的高中成功率比在国内申请要高。但是正规申请和面谈的程序还是一定要的。

（6）宗教学校（Religious Affiliations）

美国是一个非常注重信仰的国家，80%以上的美国人都有信仰，但是对于宗教的选择和信奉与否也给予绝对的自由。美国和加拿大很多私立学校都有宗教背景，通常情况下，宗教学校的建立、组成、经营管理都和教会有密切的关系。美国这两百年来的发展和宗教有密不可分的关系，当地的家长通常会希望孩子能在自己或家庭信奉的宗教环境里成长，但也有一些没有信奉宗教的家庭，受教会学校教学品质和优良师资的吸引，也会把

加拿大 King's Edghill School 古老的教堂

美国 The Hill School 雄伟的教堂

加拿大女校 Queen Margaret's School 花团锦簇的小教堂

孩子送到宗教学校就读。有些宗教学校规定了必修的宗教课程，或是圣经课，但也有些宗教学校的宗教课是选修课。美国宗教学校一般有以下几种：

Anglican——英国国教，也称为圣公会。

Baptist——浸会，也称为浸信会。

Buddhist——佛教

Catholic——天主教

Congregational——公理教

Christian——基督教

Episcopal——主教

Jewish——犹太教

Lutheran——路德会教

Methodist——循道卫理教

Moravian——莫拉维亚教

Muslim——穆斯林教

Non-Denominational——非宗派

Presbyterian——长老会

Quaker——奎克

Roman Catholic——罗马天主教

United Church of Christ——美国基督教会

（二）私立走读中学（Day School）

私立走读中学，也称为日校（Day School），这类学校不附设住宿，所有的学生必须每天由家长接送或是自己搭乘公共交通工具上下学，也有高年级的同学自己开车上学。

1. 美国走读中学

北美私立中学协会中的美国私立走读中学有上万所，NAIS（北美私立学校协会）的会员学校有1400多所。美国私立走读中学的种类很多，不但在宗教方面分类更细，学校的规模、教学品质、入学要求等等，都有很大不同。走读中学因为没有学生宿舍，他们招生的对象通常是当地或是附近的居民，年级小的学生由家长接送，高年级的学生可以自己选搭公共交通工具，或是自己开车。对于国际学生来说，一般私立走读中学不设国际部，所以如果有国际学生的话，大多是因为附近有亲友。近年来因为中国学生的需求增加，有些教育机构开始提供对私立走读中学的住宿和生活安排服务，包括寄宿家庭安排管理，或是学生公寓或别墅等食宿服务。美国走读中学在每个城市都有很好的学校，而这些学校很有可能吸引了当地比较有名望的一些企业家族或政治家的后代。美国私立走读中学一般没有很多接受国际学生的经验，也没有附设 ESL（英语辅导班）课程，所以对于学生的英语要求就会比较高。如果英语不够好的学生，最好确定学校有 ESL 的支持辅导，或是课后可以请老师或是家教帮忙。

2. 加拿大走读中学

加拿大走读中学大多也是 NAIS 的会员，和美国的私立走读中学很像，都是为了招收当地或附近的居民，所以不设宿舍，学校也不负责住宿安排。加拿

美国费城走读中学 Harverford School

与寄宿家庭亲密相处

大有些私立走读中学要求也很高，学生不但要通过 SSAT，或是学校自己出题的入学考试，还必须通过面谈才能录取。加拿大是个移民国家，也有些私立中学是民办的，规模不一，有些华人开的学校招收很多中国学生，虽然门槛较低，但对于初到加拿大的中国学生来说，这类学校并不是好的选择。

3. 私立走读中学的住宿安排

（1）寄宿家庭（Homestay or Host Family）

学生到了美国以后，安排住在当地人家里。住在寄宿家庭的好处就是可以近距离接触美国家庭的生活情况，更加了解当地文化。适应能力强的学生和美国家庭打成一片，生活得像自己家人一样，互相关心，感情也很好，建立了长久的亲情和友谊。但是也有些学生比较害羞，或是沟通有问题，就可能出现与寄宿家庭像房东和房客的关系，缺乏沟通甚至产生误会。除了住宿之外，未成年学生在美国还需要有一个合法的监护人，这个监护人必须是有当地合法居住身份的成年人。有的家长会委托自己在当地的亲戚朋友，但是如果在当地没有亲友的话，也可以委托寄宿家庭的家长担任监护人。在美国也有专业的监护人机构，除了安排住宿之外，还会定期拜访学校，参加家长会，必要的话帮孩子请家教，参加课外培训班等，作为一个第三方监督加辅导的工作。谈到寄宿在当地人家庭，很多父母可能会有几方面的担心：一是安全问题。学校选择一个寄宿家庭，都是要经过一定步骤的考察，评估他们的家庭背景、有无犯罪记录、社区对他们的评价、过去学生对他们的评价等等，所以这一点家长可以放心；二是相处是否和谐。现在的家庭都是一个孩子，所有的人围着一个孩子转，方方面面照顾得无微不至，所以很多家长都会问，住在别人家里，别人能像我们一样照顾得那么周全吗？而且大家生活习惯不同、文化背景不同。可是，家长们要知道，这些都是孩子成长、熟悉新环境和新文化的过程，他们不但要利用这个机会学会照顾自己，还要学会如何关心、尊重照顾他们的家庭。事实上，很多家长低估了孩子的适应能力，因为家长一直没有给过他们机会。住在寄宿

国际生集体宿舍的学生与老师一家其乐融融

家庭，对于孩子学习语言、当地文化非常有帮助，而且家庭的感觉让孩子在异地他乡更加有安全感。

（2）国际生集体宿舍（Academy House / Boarding House / Student Apartment）

有的机构为了照顾学生方便，除了提供给国际学生集体宿舍，有的时候还会请中国厨师为学生烧中式的饭菜，让这些小留学生同在国外的生活更加容易适应。有的宿舍管理老师还会根据学生的需要安排课后辅导，如果学生有学习乐器的话，也可以请老师到宿舍里来授课，这样解决了交通工具的问题。有些安排较好的国际生集体宿舍有严格的作息时间，并且确定每天有一定的时间做功课和参加课外活动等。有的集体宿舍连周末都帮学生安排各种不同的课程和活动，来帮助学生做好充足的大学申请准备。当然这些服务是根据学生的要求具体收费的。

公立中学（Public School）

公立中学是由地方政府建立并管理的学校。在美国和加拿大，所有居民和公民上公立学校都是免费的。学校的成本开支和经营费用完全由当地政府的教育局出资。

1. 美国公立中学

美国的公立学校对于美国居民或公民来说都是免费的，从 1 年级到 12 年级都是国家给予义务教育的福利。美国公立中学的申请对于居民来说非常简单，只要你能证明你居住的地点，就可以到就近的学校就读，没有任何的考试或面试。美国的公立学校大多没有招收国外学生的权利，但是有些公立高中可以接受一年期的交换生，但是这些交换生在这个学校和美国同学一起学习一年以后必须回国。现在也有些公立学校有招收留学生的资格，但大部分公立学校就算接受国际学生，也只能让他们学习最后一年，也就是 12 年级。目前来说，美国的公立学校比较适合不想在美国长待，只希望花一年时间体验美国学校生活的同学。

加拿大走读中学吸引了不少世界各地的学生

2. 加拿大公立中学

加拿大公立中学和美国公立中学最大的不同就是，加拿大几乎所有的公立中学都欢迎国际学生的申请，很多学校具有教授国际学生和新移民的 ESL 班，学校也会对国际学生初到加拿大的适应上给予帮助。加拿大公立中学最吸引人的地方就是价位适中，所有的公立学校收费都在每学年 12,000 加元上下。申请学校的难度并不高，只要提供原来学校的成绩单，不用任何英语考试，只要在学校有名额的情况下，都有机会被录取。加拿大的公立学校由当地的教育局管理，教育局有专门管理国际学生的部门，也提供完善的寄宿家庭安排等监护服务。加拿大公立中学的教育质量非常整齐，每个省份有稍许不同的高中课程设置，但是加拿大所有省份的高中毕业成绩，都可以申请所有加拿大和美国的大学。对于有预算限制的家庭，加拿大公立中学是个非常不错的选择。

* 美加与中国的学制对照

	7岁	8岁	9岁	10岁	11岁	12岁	13岁	14岁	15岁	16岁	17岁	18岁
中国	小学六年						初中三年			高中三年		
美加	1年级	2年级	3年级	4年级	5年级	6年级	7年级	8年级	9年级	10年级	11年级	12年级

申请美国交换生和私立高中的优劣分析

高中生出国是否一定要有庞大的预算？其实并不一定。如果只是想让孩子在高中时期体验海外生活，但没有打算在美国长期发展的话，可以考虑参加美国交换生项目。

中美交换生项目是美国政府支持的国际学生交流项目之一，为年龄在15至18岁之间的中国学生而设，进入美国公立中学，并寄宿于当地家庭。此类项目招收的学生通常是10或11年级，要求申请学生在校成绩较好，有足够的英语听说读写能力，并通过SLEP语言测试，学生被项目录取并通过交流学生签证(J1签证)申请以后,可以赴美公立中学进行为期一学年的高中课程学习。

根据J1签证的规定，学生在为期一学年的学习之后必须回国继续高中学习，所以孩子没有办法在美国高中毕业。如果还想继续在美国就读，那必须重新申请学校和学生签证。

相对于昂贵的私立寄宿中学而言，交换生计划的最大优势主要是费用较便宜，一学年的费用基本可以控制在6~8万人民币。家长花费一定数量的资金即可给孩子创造一个全英文环境，入读美国的中学，这种优势吸引了不少家长的目光。

交换生项目一般申请的程序是：学生在通过基本条件的审核和英语测试之后进入该计划，但在申请签证之前，一般不知道自己的去向，不知道学校地点和寄宿家庭的信息等。因为此项目的宗旨是加强全球不同国家间文化交流和了解，对于学生来讲也必须能够接受被分配到美国50个州任何地点的公立学校。这些地区大多是比较少外国人观光或居住的地区，所以环境通常比较纯朴，或可以说比较美国化。通常一个公立中学只接受1~2名国际交流生，所以对于参加的同学来说，不会碰到很多的中国同学。同时美国的公立中学里各种层次、不同家庭背景的同学都有，你有可能会碰到一些同学比较努力学习，有的同学却没有任何升学目标等等，所以在交友方面必须特别慎重。另外，美国公立中学下午3点就放学了，之后的时间完全由学生们自己安排，所以善用时间的同学就会充分利用这些时间来参加课外活动、比赛、学习等，但有的同学也可能去玩耍或呆在家看电视，因此申请该项目的同学最好有自己明确的升学目标以此来激励自己自觉学习，否则很容易受周围不被约束的环境所影响。回国之后，必须重新回到国内继续中国的高中课程，有的同学可能需要准备参加高考。

相对的，如果是到美国就读私立高中的话，你所拿的是F1学生签证，只要你在美国学习甚至工作是合法的，签证可以续签，一直合法地待在美国直到完成学业或工作。另外，申请私立高中的程序也和交换生有些不同，就是你必须先挑选好自己想读的学校，通过申请和审核等程序之后，确定被学校录取，得到I-20表格后，才申请美国学生签证。这样对于学校的挑选可以有比较大的掌握。当然，美国的寄宿中学百分之百是私立的，完全没有政府的经费赞助，所以对于学生来讲费用也较昂贵，每个学年的费用在5万美元上下，并且学费每年都在递增。但这些寄宿中学里的学生100%都有明确的升学目标，也就是大家都想申请最好的大学或专业学院，所以学习氛围比较浓厚。另外寄宿制学校的管理相对严格，每天除了上下课和生活的作息都有明确的计划之外，在下课之后，学校也会安排丰富的课外活动及自习时间，并有老师24小时和学生们在一起，解决生活和学习方面的所有问题。

现在到美国的机会很多，无论是一年的交换生计划，或是长期学习的寄宿中学，都各有利弊，对于想送孩子赴美入读中学的中国家长来说，应该结合家庭的实际情况，综合分析孩子的各方面能力及学习自觉性而做出对孩子最好的安排。

选择寄宿还是走读

在我们刚开始推广 TABS 北美寄宿中学协会交流展的几年，寄宿学校总是留学顾问们的首选，最主要这些协会成员学校都有悠久的历史和管理学生作息、培养学生为大学做准备的专业团队和可以让家长放心的住宿条件。就是因为以上种种因素再加上我们推广北美寄宿中学的努力，这几年北美寄宿中学，尤其是美国，出现了我们不希望看到的现象。美国这几年经济不景气，部分私立学校在当地的招生大受影响，在招不足当地美国学生的情况下，只好开始往国际市场发展。同时中国的经济迅速增长，中国的家长也纷纷看到美国留学的种种优势，自然在这些美国学校的学生数量里来自中国的申请急速增加，门槛高的寄宿学校申请不到，只有往容易申请的寄宿学校去。这样造成了在某些寄宿学校里招收了过量的中国留学生。

学校课程种类

（一）ESL（英语辅导班）

ESL 的全名是 English as a Second Language，这是一个英语系国家对于英语非为第一语言的学生所设计的课程，其目的是帮助英语不够好的学生尽快适应全英语的学习环境，并能够有效地用英语学习。ESL 课程包括听、说、读、写等部分，大多学校分成三个程度：Beginning（初级班），Intermediate（中级班），Advanced（高级班）。

对于 ESL 程度的分配，每个学校可以有自己的标准，有的学校只开设 ESL 高级班课程，对于申请入学的学生的英语程度有一定的要求，通常要达到一定的托福分数且通过面谈后才能被录取。但有的学校有比较完善的 ESL 课程，可以接受英语水平比较低的同学。有的学校称 EFL（English as a Foreign Language），也有的学校称 ALP（American Language Program），其实这些课程所指的都是类似的课程。

美国 Deerfield Academy 美术课、戏剧课和学校乐队排练

（二）Pre-Professional Arts（艺术先修学校）

艺术先修学校的目的是为了培养专业和有目标往专业艺术方向发展的学生，包括音乐、美术、设计等。这些学校的入学条件除了需要成绩证明和推荐信等材料之外，还要评估学生的专业水平，学生必须提交在艺术方面已经准备好的作品集，或是在音乐方面演奏或练习的录音或录像。艺术高中的录取取决于申请者的基础能力和天分，如果学校觉得你有极大的潜能和兴趣，就算没有

深厚的艺术基础，也愿意花几年的时间培养你，为进入一流的艺术大学做准备。在高中阶段，有的同学已经选定方向决定要做一名服装设计师，但是要进入好的服装设计大学，也都有作品集的严格审核和要求。在这些艺术先修学校里，学校会根据你的天分和目标来帮助你一步步做未来进入专业艺术大学的准备。艺术学校的方向除了服装设计之外，还有乐器演奏专业、管弦乐队、爵士乐队、作曲、摄影、导演、表演、编剧、舞蹈、声乐、雕刻、平面设计、3D 设计、动画设计等等。

（三）IB（国际高中课程）

IB 课程（International Baccalaureate，简称 IB），是由国际文凭组织（IBO）专为 3~19 岁的学生所设计的课程，分初级、中级、高级。IB 的高级证书课程（IB Diploma Programme，简称 DP）相当于中国高二和高三程度，是为想申请大学的学生所设计的两年制大学预备课程。IBO 总部设在瑞士日内瓦，课程与考试中心设在英国卡地夫。国际文凭组织汲取了世界许多国家的教改精华，IB 的教育哲学是“Education for Life（终生的教育）”，通过综合的平衡的学科及富有挑战性的评估，帮助学校发展青年人的个人才智，教会他们把教室里学到的知识与外部世界相结合。根据目前日内瓦总部的最新资料显示，目前全世界已有 3458 所 IB 学校分布在 143 个国家，同步教授 IB 课程，已有成千上万的学生通过 IB 的优良成绩进入了各个国家的顶尖大学。

IB 课程分布在六个基础学科领域里，学生必须在两年内完成这六个基础学科，包括科学和人文科目。所有参加 IB 高级证书课程的学生，必须在这六个学科组中每组选一门课程进行学习。每一门课程又分为高级课程和普通课程。

IB 课程比一般高中课程更有挑战性，学生获得 IB 证书后可以直接申请世界各个国家大学，有的大学甚至承认部分 IB 课程为大一的学分。美国及加拿大的大学都视 IB 文凭为优良的入学资历。

（四）ADD / ADHD（过动症 / 注意力缺乏症）

ADD 为 Attention Deficit Disorder 的英文缩写，医学上称为注意力缺失症，就是注意力缺陷障碍，最主要的症状是频繁地、不自觉地走神。但这并不是说

ADD 患者就无法集中注意力，他们只是不能决定集中注意力的时间和场合。某些轻度 ADD 患者还可能比普通人更能集中全部的注意力在某一点上，做到高度的专注。

ADHD（Attention Deficit Hyperactivity Disorder），简称多动症，一般发生于儿童时期，与同龄儿童相比，以明显注意力集中困难、注意力持续时间短暂、活动过度或冲动为主要特征的一组综合征。多动症是在儿童中较为常见的一种障碍。

很多 ADD / ADHD 的孩子其实很聪明，在美国很多学校有帮助轻度 ADD / ADHD 学生的师资和教材。如果孩子有这方面的问题，就可以选择有 ADD / ADHD 辅导的学校。

（五）LD Support（学习障碍的支持）

LD 是 Learning Differences 的缩写，意为学习障碍，基本分成以下四类：诵读困难（Dyslexia）、计算障碍（Dyscalculia）、书写困难（Dysgraphia）、非语言学习障碍（Nonverbal Learning Disabilities）。其中诵读障碍是最常见的。

学习障碍是一种精神性障碍，这些孩子需要用特别的教学方式来帮助他们学习，如果教学方法正确，有家长的配合，有学习障碍的孩子也有可能取得好的成绩，在职业上有成功的表现。

世界著名的天才爱因斯坦小的时候就有学习障碍，他到 9 岁才开始能够阅读。华德·迪士尼和美国前副总统洛克菲勒，一辈子都有诵读障碍，但是这并没有阻止他们成功。美国有一些专门为这些有学习障碍的孩子开设的寄宿学校，如麻州的 Eagle Hill School，康州的 Glenhome School 等，这些学校都有专业教师全天候地教导特别有需要的学生。如果学习障碍只是轻微的话，很多普通中学也有附设学习障碍辅导部门，对于偶尔需要帮助的学生进行特别辅导，但没有专业学校那么全面。

（六）AP（美国大学先修课程）

AP 全称 Advanced Placement，中文译为大学预修课程。AP 课程及考试始于 1955 年，由美国大学理事会（College Board）主办，是指在高中阶段开设的具有大学水平的课程，共有22个门类、37个学科。该项考试的目的在于使高中学生提前接触大学课程，完成一些美国大学的学分课程及考试。AP课程及考试可以为高中生起到减免大学学分、降低大学教育成本、缩短大学教育时间的目的，同时AP考试成绩可以作为申请大学的一个重要筹码。

1. AP课程评分标准

每一个AP的成绩都是按照学生对多项选择和自由作答题的回答结合起来而做出的评判。总成绩是5分制：5分－非常优秀，4分－很好，3分－合格，2分－勉强合格，1分－不合格。

AP成绩的5分和4分相当于大学成绩的A，不过在部分高校里，AP成绩的4分可能会被当作大学成绩的B。在许多高校里，AP成绩的3分大概相当于大学成绩的B，不过在有一些高校中，3分可能相当于大学成绩的C。

2. AP考试的难度

AP课程及考试是学科考试而非托福类的语言测试。AP考试中的生物、微积分、化学、经济、心理学、历史等是大学一年级的课程，但是外语课程就不是。根据美国大学理事会公布的AP课程与考试手册说明，法语、西班牙语、西班牙文学、德语、法国文学等课程，都要求学生完成“相当于大学三年六个学期的课程”。由此可以想象这些课程考试的难度。

以西班牙语的AP考试为例，这个考试包括听、说、读、写四个部分，考试时间为3小时。其中听力占20%、阅读占30%、写作占30%、口语占20%。

听力又分为三个部分：第一部分，听完6段对话后回答3个问题；第二部分，听完一个约120个词的演讲后回答3道选择题；第三部分最难，考生要听完两段各5分钟长的讲话后再解答问题，即使听力很好的考生，一般也很难记住那么长的演讲内容。

阅读部分：①阅读两篇短文后解题。②语法改错。

写作：①10选1填词，有两个段落。②写一篇200字以上的作文。

口语也分为两部分：第一部分是看一套6幅连环画，只有2分钟时间准备构思，然后，考生必须在2分钟时间内用西班牙语讲述整个故事。除了要求每

美国 The Loomis Chaffee School 亲近自然的生物课

美国 The Loomis Chaffee School 化学考试课

加拿大女校 Branksome Hall 图书馆，老师在做个别辅导。

一幅图画的主要内容都讲到外，还要求结构合理，用词准确，叙述流利，发音标准。口语考试用录音机来完成，考生的叙述由录音机录在磁带里。第二部分是回答问题，问题预先录在磁带里，不间断地放两遍。要求考生回答问题时，思考要透彻，表达要清晰、流利，用词要适当，语音要准确，还要求最大量地利用磁带空间（20 秒）。

（七）Honor（荣誉课程）

美加的高中大多都有 Honor 课程。当课程难度达到一定程度可以列成荣誉课程。但有时同样一门普通课，如果对个别学生的考试要求难度高，那么对这些个别学生也可以算成是荣誉课程。当然，这些要由教务长根据学生的前一学期的 GPA 来提前安排决定。所以 Honor 课程是介于普通课程和 AP 课程之间的，其学分级（GPA）可以高于一般标准来计算。比如，不是特难的课程的 A 成绩可以给 4.25，较难课程的 A 给 4.50。

（八）Post-Graduate（13 年级）

PG 在美国就是 13 年级的意思。大部分学校都是在 12 年级就结束了，可是如果学生有特殊的情况需要多留校一年的话，可以选择有 PG 课程的学校。多留校一年的原因有很多，如有少数课程没有通过，或是学生还没有准备好直接上大学，希望把高中基础打得更扎实一点等等。

美加留学费用

出国留学确实能给孩子开创一个不同的道路，可是资金也是一个重要条件。美加留学费用不菲，但各种学校有所不同。

（一）美国寄宿中学

一般对于中国家庭来说，美国寄宿中学的费用已经包括了 7 天的食宿和所有的学费。（当地家庭或是有陪读的家庭可以选择 5 天住宿的学校）。在寄宿学校里学校要履行 24 小时的监护义务，而且对于学生吃住和活动学习等都有一定的标准，在美国的寄宿中学费用从每学年 2.5 万美元到每学年 5.5 万美元不等，并且每年还有 5% 左右的递增。

（二）加拿大寄宿中学

加拿大寄宿中学和美国寄宿中学的系统、管理、学校配置等比较类似，而且费用和美国相比并不低，所以很多人称美加的寄宿学校为“贵族式教育”，虽然费用比较昂贵，但学生得到的机会也相当可贵。加拿大寄宿中学的费用大部分在每学年 4~6 万加元左右。每年也有 5% 左右的递增。

（三）美国私立走读中学

美国私立走读中学的学费相对较低，但是家长所要负担的不只是学费，还有其他食宿和交通费用。

美国的私立走读学校有上万所可以选择，费用根据地区的不同和宗教背景稍有差异，一般来说基督教学校通常学费都比较低廉（6,000~9,000 美元），天主教学校比较高一点（10,000~15,000 美元），奎克教学校就更贵一点（20,000~30,000 美元）。无教派学校的差别比较大，便宜的在 1 万美元以下，贵的一年光学费要 4 万美元。

私立学校的收费标准没有政府干涉，每个学校提供的设备和教学资源也不一样，学费的多少并不代表学校的好坏或排名。除了学校所收取的学费之外，家长还要准备学生的食宿费用。有关住宿，美国每个城市地点的房产和物价都有所不同，纽约市中心的同样条件房屋租金可以是阿拉巴马州首府城市的好几倍。美国有些机构意识到国际学生在私立走读中学对于住宿安排的需要，设计了几种不同的住宿 / 监护方案供家长选择。

1. 寄宿家庭（Homestay or Host Family）

寄宿家庭的费用从每个月 1,000~1,500 美元不等，但是具体数目要看每个家庭所提供的服务，例如餐费，有的寄宿家庭只负责早餐及晚餐，学生自己在学校的食堂买午餐，有的家庭会帮学生准备好午餐每天带到学校吃。交通，有的家庭每天接送孩子，有的让孩子自己走路或搭乘公共交通工具。

2. 国际生集体宿舍（Academy House / Boarding House / Student Apartment）

根据提供的服务不同，价钱也有比较大的差距，一般只提供食宿的宿舍收费大约在每学年 15,000 美元，有的提供全面服务包括定期课后辅导和周末活动的，就会根据服务项目收费，最高收费每学年大约 5 万美元左右。

3. 监护服务

有些家长希望在美国有信任的监护人可以定期确认孩子的进度，和孩子主动沟通，并参加学校家长会，向老师了解孩子在学校的学习和交友情况等，并定期向中国家长报告。监护费一般每年 1,000~10,000 美元不等，具体也是要看监护人提供的服务项目有哪些。

（四）美国公立中学

美国公立中学的交换生项目一般是不收学费的，有些寄宿家庭义务接待国际学生，政府提供少数补贴。在美国只有规定的几个机构可以办理国际交换生项目，而项目运作费大约在 1 万美元左右。参加这个项目的高中生所拿的签证不是学生签证（F1），而是交换生签证（J1），也就是说在交换一年的期限以后，学生必须要回到国内的学校，在中国完成高中课程。最近有少数公立高中也开放给国际学生以个人自费名义申请就读，但通常也是只能读一年就必须回国或是转去其他私立学校继续就读。公立高中的个人自费国际生学费一般不高，多数每学年在 1 万美元以下。

美国 The Hotchkiss School 招生官与 Lucy 合影

（五）加拿大公立中学

加拿大公立中学的费用都差不多，只要有开放给国际学生申请的学校，每年学费大多在 12,000 加元左右，如果有差别，一般不会超过 1,000 加元。寄宿家庭的收费每个城市不等，每个月的基本费用大约在 800~1,000 加元左右。学生整个学年的留学费用大约可以控制在 14 万人民币左右。

申请加拿大公立中学在中学留学方案里面算是比较价廉物美的选择。

还要提一下，美国的大学费用基本比加拿大的大学贵，美国大学的学费基本是每年 1~5 万美金，1 万以下的比较少见，除非是社区大学。公立大学一般比私立的要便宜。

加拿大的大学学费基本是每年 2~3 万加币，学费会根据所学的专业有所不同，生活费每年 1 万美金或加币基本上够了，家长在做预算的时候不要忘了这个部分，因为学生到美加读了中学之后，接下来还有大学的费用。

有关北美中学的其他信息

（一）学校排名的迷思

很多家长喜欢问美加学校的排名，希望申请就读排名靠前的学校，事实上美加学校和中国的重点高中的录取方法完全不同，所以很难以一概全地排名，因为没有具体的官方数字作为根据。但是网络上的排名千奇百怪，有很多学校在不同机构或是中介公司的排名可以有上百名以上的差距，在 A 榜排名 20 的学校，在 B 榜可能是排在 120 名以后。也有家长会拿学校公布的 SAT 平均分数来排名，如果明白 SAT 考试的家长就会知道，SAT 考试在美加或其他世界各地每年都有不止一次的考试，学生可以挑最好一次的成绩提供给学校。在美国学校里不是每一个学生都考 SAT，有的学校主张考 ACT。另外一点，就是在美国的 SAT 考试，也没有一个官方的统计数据，就算有机构到学校调查学生的平均 SAT 成绩，学校也不一定要配合给出真正的成绩。就是因为有这么多的误差机会，家长们还用第三方公布的 SAT 排名来断定学校好坏的话，那就太不准确了。

有家长会发现每次和学校代表谈话都是相谈甚欢，学校老师对自己的孩子称赞有加，并积极鼓励孩子递交申请。后来发现这个校代对每个孩子都说了差不多的话。录取的结果当然是几家欢喜几家愁，有的被“喜欢的不得了”的孩子反而被拒绝，或是被放在候补名单里。原因很简单，对于学校来说，他们不希望错过任何有潜力的孩子，所以，他们希望鼓励你把完整的申请材料做好了以后，让校方有采取主动录取或拒绝的权利。同时，这些招生老师的工作就是希望增加申请的人数，但是录取的人数却不会增加，一旦申请人数和录取人数的比例拉开了，那就代表了这个学校录取率低。很多家长在选择学校的时候会以录取率低来作为选择学校的标准之一：这个学校申请人多，录取率这么低，肯定很好。这是一个很大的误区。

（二）美国和加拿大人为什么送自己孩子去私立中学

美国和加拿大公民和居民的孩子在 18 岁之前的所有公立学校教育都是免

美国 Deerfield Academy 校长 Margarita Curtis 与 Lucy 合影

费的，一直到高中毕业为止。如果他们把孩子送到私立学校的话，就损失了这一份政府所给予的福利，而要完全自费。为什么这些可以享受免费教育的家长要放弃这份福利呢？道理很简单，美加的公立学校入学没有门槛，开放给所有的居民，也就是说，学生的程度可能参差不齐，有的学生可能比较上进，也有的学生不喜欢学习。公立学校的学区很重要，在美加有些好学区的中学学术程度也相当优良，但对于国际学生来说，比较难做出全面的判断，在公立学校里父亲或住宿家庭家长的参与相对重要。在公立学校的环境里，不自觉的同学比较容易受到负面影响，而私立学校除了收费比较昂贵之外，你可以确定的是同学们的目标都是一致，都是为了上好大学而努力，所以也有很多私立学校称为大学预备学校。在私立学校的环境里，尤其是寄宿中学，学校对孩子的培养比较全面，不只是白天普通课堂上的授课，每天课后还会安排不同的活动和竞赛，鼓励学生参与，培养学生的活动能力和领导力等，同时在晚餐后还留有一定的时间晚自习，如果有疑问可以随时找到老师，不论是学业、功课、人际关系、活动规划，甚至身体、心理问题等等。大家都知道家庭教育的重要，但是大部分家长并不是教育专家，很多受过高等教育的家长，明白术业有专攻的道理。成功的政治家、经济学家、企业家、医生、律师等，把自己子女送到私立学校受教育的比例非常高，原因当然除了这些家庭有足够的经济能力负担昂贵的学费之外，还有这些家庭对教育的注重，以及对私立教育系统的信心。

（三）美加学校是如何看待中国来的申请

这几年从中国来的申请越来越多，很多美国学校五六年前对于中国来的申请毫无经验，但在经过每年上百份申请的磨练之后，很多学校已经渐渐精通如何面对中国来的申请材料，包括辨别真假成绩单、如何确认申请者的真实程度是否符合他们所递交的成绩、作文、推荐信等等。美国学校对于中国来的申请最大的考量包括：

（1）材料真伪。在学校收到的所有材料里面，很多学校的招生办发现，学生除了成绩单可以做假之外，还有托福成绩、SSAT 成绩等英语标准化考试成绩，招生老师收到完美的成绩和分数后，有时候会在面谈时发现拿得出 100 分托福的学生，却在英语沟通上有难度，这种情况对于校方来说就会直接判断这个学生不诚实，当然不可能录取。

（2）找人代写作文。有些学生可能因为对自己的英文写作没有信心，不愿意自己写作文，学校申请要求的文章最主要希望知道学生的写作能力，可是有很多中国学生担心自己作文写不好，于是由家长或是中介帮忙代写，或是自己用中文写好以后再找人翻译成英文，有的中介甚至拿同样一篇作文给好几个学生申请。很多学校往年接受了“写作能力非常好”或是“写作能力几乎和英语为母语的学生一样流利”的学生，开学之后才发现学生根本跟不上进度。事实上，学生的写作程度也很容易在录取前被拆穿。通常如果你可以到学校去参观和现场面谈的话，在面谈后老师会直接给你一个作文题目，让你现场发挥。很多学校在和学生视频面谈的时候，也会通过视频给申请的同学一个题目，让他在老师视频的监督下，直接在老师面前把作文写好，这样连你写作的速度、思路、修正的次数等等都一览无遗。这个短文如果和你当初递交申请材料时的作文水平相差太多，学校也会怀疑你其他材料的真实性。

（四）夏校

美加有很多寄宿学校和私立走读学校，或是独立机构，都有开设暑期课程，也简称为夏校。夏校和夏令营最大的不同就是，很多国内学校组织的夏令营其实带了大部分旅游的性质，除了 1 周或是 5 天在教室学习之外，可能或两三周的时间在旅游。有些家长希望孩子利用暑假专心在某一个方面有所提升而报名参加暑假课程，这类课程我们也称之为夏校。一般夏校在孩子到达学校后，所有的课程活动都由学校安排，父母只要负责在所有课程结束后，在机场或是到学校接回孩子就行了。参加这些夏校的同学有的是为了舒展身心，有的是想为日后申请大学铺路，有的还在摸索兴趣。简单来说，夏校也分成以下几个大类：

（1）语言学习类。国内比较受到一般大众欢迎的就是利用暑假到美加参加语言学习类的课程，学习英语的居多，但有些学生希望进修第三语言，如法语、德语、西班牙语等等，都有不同地点和学校课程可以供选择。

（2）学术类。这类的夏校收爱学习或是需要利用暑假加强学术科目的同学，通常家长选择这个类别的也很多。所谓的学术包括学校的一些科目，例如数学、科学、文学、历史、物理、写作等。

美国 The Hotchkiss School 现代化的游泳池

美国 Woodberry Forest School 草地曲棍球项目

（3）科技类。有些同学对科技类的项目特别有兴趣，可以考虑参加一些科技类的夏校，例如3D动画设计、机器人设计、数码、编程、电影制作等。

（4）体育类。暑假期间是学生往有兴趣发展的体育活动方面精进的好机会，有些体育类夏校只是让有兴趣的同学试试，招收各种程度的学生，也有些夏校往专业方向培养，参加同学都有坚实的基础，例如高尔夫球、网球、射箭、划船、帆船、潜水、骑马、足球、曲棍球、棒球、篮球、体操、游泳、滑雪（暑假期间到南半球去）等等。

（5）活动类。有的同学希望利用暑假参加一些平常比较少接触的活动，不但可以锻炼体力还可以学习新技能，包括室内或户外，例如露营、登山、攀岩、拓展、长途自行车、泛舟、野外求生技能训练、飞行、滑翔翼等等。

（6）竞赛类。有的同学会利用暑假参加一些培训加比赛的课程，例如乐器类，有的大师班老师就带着少数学生利用暑假密集练习，同时到各地去参加国内外比赛。

（7）体能锻炼／军事类。很多军校也会提供有军事特色的夏令营，让孩子

加拿大女校 Branksome Hall 的游泳课

加拿大女校 Queen Margaret's School 马术运动

可以体验军事化管理的生活，同时让同学在短时间接受军事化的体能训练，包括晨练、长跑、匍匐前进，攀岩、基本防卫、俯卧撑等。

（8）宗教类。宗教类的夏校上课的内容和一般学术类夏校很像，只是每天会固定加上一部分宗教课程或是唱圣歌等等。

（9）艺术类。艺术类的夏校目的是为了培养孩子的创造力、艺术天分和激发他们的艺术潜能，有的让孩子尝试不同的艺术类活动来更加了解自己的兴趣方向，也有的同学利用整个暑假准备自己申请大学的作品集。包括音乐的乐团演奏、舞台表演、戏剧、舞蹈、绘画、雕塑、编剧、电影制作等等。

（10）特殊教育类。这类的夏校是为了特别需要帮助的同学所设计的，例如情绪控制、注意力缺乏症、过动症、忧郁症、阅读障碍、减重，最近也出现了戒网、戒游戏等夏校。

参加国外夏校最大的好处就是让学生在决定留学前可以体验一下国外学习的独立生活，同时了解海外生活情况，激励自己申请的决心，回国以后可以更加努力地准备。

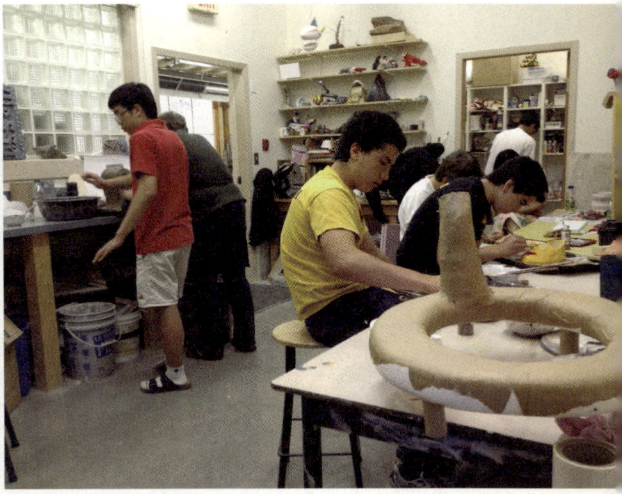

加拿大 Shawnigan Lake School 的橄榄球场和陶艺课

申请细节

选校

选校、择校是申请的过程中很关键的一步。如何挑选适合自己孩子的学校，是很多家长关心的问题。我们可以拿穿衣服来做例子，每个人有适合自己风格和体型的衣服，在挑选衣服的时候，你希望衣服的大小、质量、颜色等都适合你的体型和场合，而不是看到电视上的名模穿什么你就跟着去买。选择学校当然比买衣服的选择重要很多。一样的道理，如果你看别人家孩子去什么学校你就跟着去的话，或是别人都申请什么学校你就跟着盲目申请的话，那和跟错潮流有什么不一样呢？但是在上千个学校里面，怎么知道哪一个是对的学校呢？选择学校应该要注意以下几点：

1. 公立／私立

首先是预算的问题，如果预算有限的话，加拿大的公立中学是性价比最高的选择之一。但是公立学校对学生的教育仅限于在学校的上课时间，如果预算不是问题的话，也可以考虑美加的寄宿制学校，或是对于课后有安排辅导的私立走读学校。

2. 地点

地点也是家长选择学校的因素之一，很多家长希望可以选择亲戚或朋友家附近的学校，希望可以就近照顾。如果你选择了寄宿学校，就暂时不要考虑这个问题，因为在学校里面孩子出来和亲戚交流的机会不多，而且寄宿学校的地点通常不会有华人居住。寄宿学校因为有丰富的接待国际学生的经验，对于接送机、假日安排、紧急医疗服务等等都不需要家长操心。如果打算寄宿在当地的亲戚朋友家，那可以考虑选择当地的私立走读学校，但是到时可能就要麻烦亲友每天接送，照顾三餐。

3. 学校性质

男校、女校、男女合校、军校、艺术类学校、特殊教育学校的考量可以让你缩短选校清单。

4. 学校大小

学校的规模也很关键。有的学校不但占地面积大，还有千人以上的学生，

美国 St.Paul's School 校园内美丽宁静的小湖

在这种学校里，学生的个性必须相对开朗、外向，比较容易适应，并交得到朋友。也有的学校的总学生人数在100人以下，这种学校学生的关系就比较容易亲近，通常所有的师生都互相认识，学生有生活或学习上的问题或困难时，比较容易被迅速发现，并即刻提出解决方案。学校的规模大小并不影响教学品质，虽然有人觉得大型学校的师资设备等比较齐全，但小学校对于学生的生活及学习进度更容易掌握。

5. 宗教要求

有的家庭在选择学校的时候，希望孩子能够上自己家庭信奉的宗教学校，希望能在同样信仰的环境中学习，所以在宗教选择上也有不同的考量。有的家长希望选择的学校没有任何宗教色彩。

6. 运动设施

大部分家长喜欢宽大的校园和齐全的设施，有的学校有室内室外的篮球场、游泳池、足球场、冰上曲棍球场、壁球场、板球场、网球场，有的学校的占地面积大到可以有自己的高尔夫球场或滑雪场等等。当然运动设施齐备的学校对于热爱活动的学生是最好不过的选择了，这样到了这个学校就能继续练习。家长必须注意的是，这些学校在这么多运动设施投资的前提下，也希望吸引真正热爱这些体育活动的学生，如果学生不是特别喜欢这些体育项目的话，不但用到这些设备的机会不多，很多学校活动参与度也不会太高。

7. 其他设施

除了运动设施之外，有些设施是个别学生比较关注的，例如弹钢琴的学生就希望学校有单独的琴房可以练习；爱好舞台表演的同学最好看看学校在戏剧方面的设施配套是否齐全；喜欢摄影摄像的同学就会关注学校是否有专业的摄影工作室、电影剪辑室等；爱好音乐的同学希望学校有专业的乐团设备和录音工作室；有的学校在科学方面的实验室特别高科技，甚至有专门的机器人设计实验室、人工智能实验室，加州的韦伯学校甚至有全美唯一在高中里的恐龙博物馆，特别吸引对考古及历史有兴趣的同学。

8. 师生比例

加拿大 King's Edgehill School 超小班的课堂教学

虽然美加学校和中国学校比较起来已经算小班制了，但是有些学校的班课人数只有 10 人以下一个班，有的学校可以有 20 个学生一个班。善于交流、个性外向的同学可能希望有很多和老师学生交流的机会，但是个性内向喜欢思考的同学在人多的环境里可能永远听不到他的声音。在考虑学校师生比例这个因素的时候，家长特别要考虑孩子的个性做出合适的决定。

9. 学校文化

每个学校因为教育方针不同，校园里面师生相处的关系、同学们之间的感情多少有些不同，这些区别一定要在家长和同学亲自参访学校的时候才能感受得到。有些学校的学生比较礼貌，对于访客的到来非常欢迎，并礼貌地介绍自己的班级、同学、室友，愉快地分享他在学校的生活点滴。有的学校你可以明显地感觉到学生的压抑甚至对于访客的不耐烦。参观学校的时候，很多同学可以做出是否喜欢在这样的学习环境里生活的判断，这就是学校的文化。

美国 Phillips Exeter Academy 热情的同学们

10. 学术强度

学术强度也是家长要慎重考虑的一个条件。所有的家长都希望孩子能上学术能力最强的学校，而忽略了孩子是否能够在强烈竞争的学术环境里脱颖而出。以中国家长的观点来说，只要把孩子送进学生程度最强的学校，学校的压力和教学力量可以帮助孩子更有实力应付高考。但是在美加，申请大学的因素并不是一个高考，而是你高中所有的成绩，这些成绩的组成包括同学们在课堂的表现、个人作业、小组作业、随堂测试、期中考、期末考等等。如果孩子的程度不是很强的话，在学术竞争过强的环境里就比较容易受到挫折，甚至被淘汰。所以家长在选择高中的学术强度的时候，千万不要以中国的标准来做决定，而是要以申请美加大学的成功率作为考虑的重要因素。美加的私立中学所教授的课程不需要和公立学校的课程一样，所以这些私立学校完全可以根据学生的程度和需要，设计自己的课程，比如说圣保罗中学的高中就没有所谓的历史课，因为他们把历史课的内容放在“美国文化”里面了，除了历史之外，他们在课程设置里还加上了宗教和历史政治的关系。宾州的私立走读学校“德国城学校”的学术程度非常强，10年级的数学已经开始教微积分，很多11-12年级的课程已经是大学程度的了。他们学校没有任何AP课程，因为教学主任认为他们的普通课程已经比AP的难度要高了，没有必要把AP放在学校的课程设置里。

11. 运动／活动选择

有的同学在某项运动或是活动方面有特殊爱好或特长，不希望因为出国留学后就此放弃，这个时候家长应该要特别关注你所申请的学校是否有提供这些活动项目、场地、师资和参赛历史等等。

12. 入学要求

选校过程最关键的一点就是学校的入学要求，每个学校所提供的学习方案和给学生的机会不同，自然对于招收新生的标准也不一样。有的学校对于英语还不够流利的国际生提供专门的英语辅导（ESL），有的学校对于申请学生的成绩有严格要求，标准化考试的平均录取线也很高，除非你有学校特别重视的竞赛或体育项目特长，对你的标准化考试要求可能会有降低。所有私立学校在收到书面申请之后如果考虑学生的申请，都会要求面谈。面谈这一关是非常重要的，同学们谈话的内容、态度等可以决定最后是否申请成功。在选校的时候最好量力而为，不光是确保申请的成功率，最终目的是要找到一个合适的学习环境，因为接下来的几年将可能是你人生第一个重大变化的阶段。

13. 特殊课程要求

如果同学有轻微的过动症（ADD）、注意力缺乏症（ADHD）或阅读障碍（LD）的话，可以特别考虑有附设这些课程的学校。

访问学校

在了解和挑选学校的过程中，我被问到最多的问题是“如何衡量一所学校的好坏”。除了可以通过因特网了解的一些数据、家长论坛，以及通过别人传达来的一些二手、三手讯息之外，其实我强烈建议家长带着孩子亲临学校去参观，自己了解一手的情况是最真实可信的。在过去几年跟着海移组织的学校考察团的家长反馈，“眼见为实很重要”。

很多家长都会觉得，单单从学校网站上看，每个学校都有着美观整洁的校园、安全的生活环境、丰富活跃的课堂、积极严谨的学风、充满挑战和竞争的课程，每一所学校看上去都是那么的令人向往。实际上到底什么样的学校适合自己的孩子，什么样的学习生活环境能让家长真正放心，实地考察后的家长无一例外地找到了这些答案。

除了参加我们组织的考察团之外，我们也建议英语程度较好，并且可以在国外驾车的家长自己安排家庭旅游到美国或加拿大去参访学校。

如果家长和学生确定要去访问学校，那么就要注意以下几点了：

1. 参观时间

最好在学校的非节假日参观。因为学校会安排接待人员进行引导，家长和学生也可以看到在校生的学习和生活状态，并有机会与他们进行交流。我们就曾经参观过一个学校，接待我们的中国学生告诉我们，他正在申请转学，因为他很诚实地说他不喜欢这个学校，他来了美国快一年了，英文还是很糟，他担

海移考察团拜访美国宾州 Solebury School

海移考察团拜访美国加州 The Webb School

心这样下去根本考不出托福，更别说申请好大学。我们就问他，那你当初为什么要申请这个学校？他回答：因为家里有亲戚在这附近，但是他来了学校以后才明白，有没有亲戚住在附近对他的学习完全没有帮助，所以决定转学。一路上我们发现，这位中国同学在带我们参观校园的时候，一路上可以用流利的中国方言跟其他中国同学打招呼，仔细一看，这个学校大部分的学生都是中国来的！

如果不是碰到这位中国同学，光看这个学校精美的宣传册和豪华的网站，真的很容易被误导，事实上这个学校的地点还真的非常不错，位于中国家长最喜欢的加州，而且附近还是富人区，学校的设备也还可以，但是经过这位中国同学的诚实分享，考察团家长也得到了客观的判断。

如果家长想要自己实地考察学校，那么访问学校的时间最好安排在递交申请前，这样有助于家长和学生不仅仅是依据一些数据就定夺要申请什么学校。倘若家长打算带学生去学校直接面试，那么参观时间就最好放在申请初期。家长和学生都有较为明确的申请目标，且有一定的考试成绩作申请参考，学生已经在准备申请材料或者已经准备好申请材料，这样在见到校方老师后，很有机会争取到一次效果非常好的面对面正式面试的机会。

海移考察团拜访美国男校 Trinity Pawling School

海移考察团参观美国 Concord Academy

美国 The Hill School 招生办副主任 Thomas Eccleston 与 Lucy 合影

2. 选择参观的学校要有阶梯性

美国的寄宿中学多集中在东南沿海，西部、中部、南部地区也有少量寄宿中学，大学的分布在各州数量都很多，所以为了提高访问效率，建议家长在规划访问路线时，可以定好抵达机场和回国机场后，在两点之间有阶梯地选择访问的学校。除非在你们去美国之前，就已经取得了最满意的 TOEFL 和 SSAT/SAT 成绩，否则千万别一味地把行程全部安排在访问顶尖学校上，因为这在实际申请的过程中，很有可能发挥不了辅助申请的作用。阶梯性地选择访问的学校，至少可以让学生放心地入读任何一所申请的学校，也会增加申请的成功率。

3. 预约很重要

在家长和学生初步制定了访问路线后，一定要跟学校招生部门取得联系，并确定学校可以接待的时间。如果在没有预约的情况下到访，不但没有专门的人员可以接待你们，万一碰上学校期中或是期末考试，或是学校正在举办其他活动，这些时候是禁止参观的。就算学校给你一张地图让你自行走马观花地参观，有部分区域（例如宿舍、实验室、运动区域等）是无法入内参观的。预约参观一般可以通过电子邮件，但是有的学校太受欢迎了，他们的招生办公室有应接不暇的电子邮件，参访申请可能就没有办法每一个要求都及时回复，这种学校通常也是最难申请的学校。如果你真的很希望参观这个学校并且希望在参访行程结束后得到面谈的机会，建议你在两天没有收到电子邮件的回复后，直接打电话与招生办公室预约，以免因为时间拖太久而错过机会。

4. 带齐必要的材料

建议尽可能地带齐成绩单、获奖级竞赛资料以及展现个人才艺的材料。另外，学生要做好面试准备，一旦有机会，就可以先在学校把面试环节完成。如果有机会参加面试，一定要把握住机会，面试的时候不要两手空空，一定要带上笔记本，记录面试时候的重点。除了面谈之外，招生老师通常会让你写一篇短文，所以同学们要做好随时面对挑战的准备。

申请程序

（一）申请表格

申请过程中，最基本要求就是完整地填写申请表格。大部分学校都可以在网上下载申请表格，但如果你跟学校联系的话，他们也会把正式的表格邮寄给你。SSAT 和 TABS 的网站上都有多个学校可以通用的申请表。不管是网上申请或是实际填写申请表，一定要回答所有的问题，尤其是在书写的部分，要注意字迹的清晰。几乎所有的美国寄宿中学都会要求申请人写至少一篇短文，这些短文一定要根据学校要求的题目撰写，并且让专业英语老师或留学顾问检查确认过再提交。

以下是 TABS 网站上的通用申请表的中文翻译版和部分原文。这份表格内容和所有学校的要求都差不多，只是有些学校会有特定的作文题目或问题需要回答。如 SSAT 的申请表上有 5 个重要的问题需要申请的同学亲自回答：

（1）请列举你对课外活动的参与程度，包括学校活动、义工活动、体育或音乐方面的活动等。请列举你在近两年所得到的奖项，及你在未来打算参与哪些活动?

（2）请列举你对个人兴趣和爱好的参与程度，包括学校以外团体活动。请列举你近两年所得到的所有荣誉和奖项。

（3）你近几年来最喜欢阅读的书籍是什么？为什么?

（4）还有什么是你希望告诉我们的?

（5）请选择以下题目之一（250~500 字）:

5a. 请叙述影响你，崇拜或印象非常深刻的人物;

5b. 为什么你是个有趣的人（请指出你最喜欢有关你自己的一些特质）;

5c. 请描述一个对你人生或想法有重大影响的事件或活动。

以下附上 TABS 通用申请表的中文翻译版，以便让家长和学生进一步了解学校到底在关心孩子的哪些方面。

附　入学申请表

说明：本表是美国、加拿大海外的几个独立学校的普通申请材料的一部分。请认真和清晰地填写本表并递交给你希望进入的学校。当你填完本表后，再填写学生调查表并将推荐表发给适当的人员。接受这些表格的学校名单在教师推荐表的反面。

（在递交本表前请与你申请的学校联系。）

申请资料

名　　姓　　曾用名　　昵称

家庭地址　　城市　　州 / 省　　国家　　邮政编码

性别　　年龄　　出生日期（月 / 日 / 年）　　出生国家　　国籍

社会保险号（任选）　　电子邮件地址

家庭电话（包括国家和地区区号）　传真号码（包括国家和地区区号）

建议入学年 / 月　当前年级　申请年级　居住情况（寄宿或走读）

家庭情况

父母 / 监护人

姓名　职业　公司名称

家庭地址　城市　州 / 省　国家　邮政编码

家庭地址　城市　州 / 省　国家　邮政编码

办公电话　家庭电话

传真号码（包括国家和地区区号）　电子邮件地址

父母 / 监护人

姓名　职业　公司名称

家庭地址　城市　州 / 省　国家　邮政编码

家庭地址　城市　州 / 省　国家　邮政编码

办公电话 家庭电话

传真号码（包括国家和地区区号） 电子邮件地址

申请表

学生姓名 ________________

申请人与谁住在一起? □父亲 □母亲 □父母双亲 □其它 ________

入学资料寄往哪里? □父亲 □母亲 □父母双亲 □其它 ________

账单寄往哪里? □父亲 □母亲 □父母双亲 □其它 ________

请在适当方框内打勾: □父亲死亡 □父母离婚 □父亲再婚 □居住在美国国外
□母亲死亡 □父母分居 □母亲再婚

如果父母亲离婚或分居，谁是申请人的合法监护人? ________

你申请经济资助吗? □是 □否 如果是，请联系你所申请的学校了解情况。

请列出所有你参加过的入学考试 ________

英语之外的第一语言 ________ 在家里说的语言 ________

种族信仰（任选）________

关于兄弟姐妹的情况（必要时加纸）

姓名 年龄 就读学校

姓名 年龄 就读学校

姓名 年龄 就读学校

姓名 年龄 就读学校

教育情况

目前就读学校

学校名称 学校类型（私立/公立） 入学日期

学校地址 城市 州/省 国家 邮政编码

班主任和辅导员 电话（包括国家和地区区号） 传真

过去三年中就读的学校

学校姓名 城市 州/省 入学日期

学校姓名 城市 州/省 入学日期

签名

申请人签名（请在本页复印后签名） 日期

父母或监护人签名（请在本页复印后签名） 日期

附有申请费

（参见教师推荐表反面接收本表的学校名单，学校名字后面有申请费，如不缴纳申请费，学校将不予以审理申请材料。）

学生姓名 当前年级

当前学校 申请年级

家庭地址 城市 州/省 国家 邮政编码

说明:

◆ 请认真和清晰地填写本表，并递交给你希望进入的学校。必要的时候可加纸。

◆ 你可以递交本表的签过名的副本。

◆ 有些学校会要求你提供附加材料。如果你对入学过程有疑问，请在递交本表前与你申请的学校联系。

1. 请列举并说明你的兴趣的水平以及在学校参加的活动（学校志愿者小组、学校社团、体育、音乐、美术等）。并请列举出你在过去两年中所获得的奖励或荣誉，如有必要可列一张活动表格。

2. 请列出并说明你的兴趣的水平以及参加的暑期活动（如夏令营、兼职工作、旅游等）。

3. 请列举并说明你的兴趣的水平以及参加过的校外的业余爱好、活动、社团或小组。并列出你在过去两年中参加校外活动所获得的奖励或荣誉。

4. 请解释你为什么要申请寄宿制学校，你希望从寄宿制学校的学习经历中得到什么？

5. 请列举过去一年中你最喜欢读的一本或数本书，并说明你为什么喜欢读这本书以及从中学习到了什么。

6. 请列举你希望我们还要了解一些你的什么情况。

7. 请从下列叙述中任意选择一个题目，然后写一篇 200~250 字的文章，必要的话可以加纸。

7a. 请描写一个你所赞美的人或对你有重大影响的人，并说明对你产生了哪些影响。

7b. 你认为什么事情使你成为一个有趣的人？（必须涉及你自身最宝贵的品质）。

7c. 说明某一件事或活动的影响改变了你的生活或思维方式。

（申请表部分原文）

General Information

ADMISSION APPLICATION FORM

Developed by TABS for Independent Boarding and Day Schools

Instructions: This form is part of an admission application packet being used by several independent schools throughout the U.S., Canada, and abroad. Carefully and legibly complete this form and submit it to the schools to which you want to apply for admission. After you have completed this form, fill out the student questionnaire and distribute the recommendation forms to the appropriate individuals. A list of schools accepting these forms can be found on the back page of the teacher recommenda tions.

(Please contact the schools to which you are applying before submitting this form.)

Applicant Information

First Name Middle Name Family Name Preferred Name or Nickname

Home Address City State/Province Country Zip/Postal Code

❐ Male
❐ Female

Age Date of Birth (Mo/Day/Year) Country of Birth Country of Citizenship

Social Security Number (optional) E-Mail Address

Home Telephone (include country, city, and area codes) Fax Number (include country, city, and area codes)

Month / Year of Proposed Entrance Current grade Applying for Grade Resident Status ❐ Boarding ❐ Day

Family Information

Parent/Guardian

Name Occupation Name of Company

Home Address City State/Province Country Zip/Postal Code

Business Address City State/Province Country Zip/Postal Code

Business Telephone (include country, city, and area codes) Home Telephone (include country, city, and area codes)

Fax Number (include country, city, and area codes) E-Mail Address

Parent/Guardian

Name Occupation Name of Company

Home Address City State/Province Country Zip/Postal Code

Business Address City State/Province Country Zip/Postal Code

Business Telephone (include country, city, and area codes) Home Telephone (include country, city, and area codes)

Fax Number (include country, city, and area codes) E-Mail Address

ADMISSION APPLICATION FORM

General Information

Name of student ______________________

Applicant lives with? ❒ Father ❒ Mother ❒ Both ❒ Other ______

Where should admission materials be sent? ❒ Father ❒ Mother ❒ Both ❒ Other ______

Where should bills be sent? ❒ Father ❒ Mother ❒ Both ❒ Other ______

Check if appropriate: ❒ Father Deceased ❒ Parents Divorced ❒ Father Remarried ❒ Living Outside U.S
❒ Mother Deceased ❒ Parents Separated ❒ Mother Remarried

If parents are divorced or separated, who has legal custody of the applicant? ______

Are you applying for financial aid? ❒ Yes ❒ No If yes, please contact each school to which you are applying for instructions.

List any admission tests you have taken ______

First language, other than English ______ Language spoken in the home ______

Declaration of ethnicity (optional) ______

Information about brothers and sisters (use additional sheets if necessary)

Name	Age	School
Name	Age	School
Name	Age	School
Name	Age	School

Education

Present School

❒ Independent
❒ Private/parochial
❒ Public

School Name | Dates of Attendance

Address | City | State/Province | Country | Zip/Postal Code

Head or Counselor | Telephone | Fax Number

Other schools attended in the past three years

School Name | City | State/Province | Dates of Attendance

School Name | City | State/Province | Dates of Attendance

Signatures

Signature of Applicant *(please sign this after it has been photocopied)* ***Date***

Signature of Parent or Guardian *(please sign this after it has been photocopied)* ***Date***

❒ **Application fee enclosed.**
(Refer to the back page of the teacher recommendation forms for the list of schools which accept this form and their application fees. Some schools may not process this form without this fee.)

（二）家长陈述

家长陈述也是申请表格里面很重要的一个环节，和老师的推荐信类似，招生老师不会希望看到一大堆的形容词，因为几乎每个家长都觉得自己孩子是最棒的，如果家长没有受过专业的“写作课程”训练的话，肯定会把自己会的所有好的形容词全部用上。学校要看的是家长从小看着孩子长大的过程，对学校有什么建议，除了对孩子的期望之外，学校也想知道他们是否有能力帮助父母达成培养孩子的要求。通常学校希望家长指出学生的优缺点，很多家长只愿意写很多优点，在缺点这个部分却草草带过。简单来说，学校接受孩子的申请之后，同时要对一个家庭负责，所以他们希望对家长及学生对学校的期望有一个比较诚恳的了解。

（三）活动内容的填写

大部分学校都希望学生在学习之外有其他的兴趣爱好。你一旦到了一个新的学习环境，除了课堂上的学习之外，学校希望同学能尽量参与不同的课外活动。课外活动的内容不仅限于体育、音乐，如果你有表演、收集、演讲或是其他课外的兴趣和经验，都可以如实填写。很多国内的孩子最大的问题就是根本没有时间参加什么课外活动，其实所谓的课外活动不一定要学校组织的，如果你周末有参加任何校外培训也可以，例如骑马、游泳、高尔夫、舞蹈等等。

（四）作文

申请一般的美国、加拿大的学校所要求的作文题目比较简单，只要写一篇个人介绍就行了，如果学校有安排 ESL 课程，他们只要确定你的英语有基本的沟通能力就行了。但是如果你的目标是没有 ESL 的学校，那么写申请作文并不轻松，除了认真填写各项表格及问卷之外，所有的学校都会要求了解申请者的写作能力。北美中学和中国的教育最大的不同就是在竞争激烈的北美学校通常都有大量的写作要求，科学、历史、社会科学、英语等科目都有大量的书写工作，而学生写作方面的灵感、创意、速度、逻辑概念、探讨分析等，也需要大量的锻炼。在申请的同时，学校的招生老师要看你有没有这方面的实力，所以在所有的申请材料中，你的作文占了申请比重的一大部分，从你写的作文里，招生老师不单单可以看出你的英文程度，还可以从内容中得知你的思考模式和创意能力，和对人或事的看法等等。

在整个申请流程中，标准化考试分数固然重要。当你达到一定的分数线，招生老师就会仔细阅读你的作文和现任老师给你写的推荐信，由此来作出录取与否的决定。

在申请过程中，很多家长让孩子写好中文作文，要求专业老师翻译成英语，然后再找外教修改，确定文法都完全无误后，才决定把申请文章发给学校——事实上这么做对于孩子的申请并没有帮助。首先孩子的托福成绩已经直接反映了他的英语程度，如果你让外教老师把文章修改得像美国人的口气，反而让学校老师怀疑这篇文章到底是谁写的。另外，文章的内容和表述的方式也很重要，学校希望孩子用他们 14 岁的眼光写出他们对这个学校、社会、国家等的看法，而这些看法是没有正确答案的。

对于作文的内容，我再三鼓励要同学们逆向思考，不要落入俗套。但大部

加拿大 St. Margaret's School 野外探险活动照片展

分的作文还是想让申请的学校知道他们来自幸福的家庭，有爱他们的父母，从小悉心培养，会弹钢琴会跳舞会吹长笛和拉小提琴，在学校成绩很好，在校外也是个品学兼优、爱读书、会音乐、能运动的孩子。申请美国学校的原因是因为美国学校的教育可以提供更丰富的选择，和更多的挑战，你的理想是做一个对社会有贡献的人，成功商人，经济学家，或是科学家。

这样的文章我看过不下百篇，你觉得北美中学的招生老师看过几次？

当我鼓励孩子逆向思考的时候，有一个同学在他的作文里写他考试时做弊，和老师吵架的故事，我问他是否真的有这回事，他说没有，说："你不是让我逆向思考，那我就写一些我没做过的事。"事实上写出一篇好的申请作文没有这么难，你要注意的是：你希望招生老师看到你的亮点，让你在众多的申请人里面脱颖而出，而并不是要你做一些非法的事来引起老师的注意。

有一年一个学校的作文题目是《你最崇拜的一个人》。不止一个同学这样写了：

我最崇拜的人是Steve Jobs（乔布斯），因为我们全家都是苹果的粉丝，我们家有 iPhone、iPad、iPod、iTouch，我们用的电脑也都是苹果的，他真是一个伟大的人。

这年正好乔布斯去世了，你知道你有多少同学都写他们崇拜乔布斯吗？

事实上这个同学提供了正确而且诚实的答案，但是正确答案通常都是无趣的，你的任务是要让招生老师发现你的答案有趣，因而注意到你除了"成绩好"以外的特质，这才是个成功的写作。因为太多"成绩好"的同学在与你竞争，这篇作文必须让你跳出来，增加你被注意的几率。

另外一个学校的作文题目是《让你印象最深刻的旅行》。A同学写了：

我从小每年跟爸爸妈妈去不同的国家旅游，我去过法国、德国、意大利、西班牙、瑞士、英国、美国、加拿大、泰国、日本、韩国。我去过白宫，看过自由女神像、雄伟的金门大桥，还有我最喜欢的迪斯尼乐园。我们乘了加勒比海的游轮，像泰坦尼克号一样的豪华，我的爸妈都很成功，在旅途中他们教了我很多东西。我还参加过不同国家的夏令营。环游世界让我成长，并学习到世界上有形形色色的人，拓展了我的世界观。

B 同学写了：

去年夏天我自己从上海搭火车去苏州，那是我第一次自己出门旅游，而且来回我只花了 50 元人民币。上火车的时候没有位子坐，因为我买了最便宜的票，我和一个带了两笼鸡鸭的小贩坐在车厢门口，他给了我一张脏脏的报纸垫在地上坐，在路上火车颠簸得厉害，他的鸡跑出笼子了，我还帮着他抓回来，小时候我很怕动物的，当时我也

加拿大 Shawnigan Lake School 极具特色的建筑

不知哪里来的勇气竟然徒手抓得住那只雄壮的鸡！这趟旅程我发现自己不再是个孩子。

如果你是招生老师，你会录取哪一个孩子？

很多孩子和A同学一样去过很多国家，见到很多种人，可是从这些过程中A同学到了什么？招生老师要看的不是你表面的经历和流水账，而是要看你对人对事的敏感度和文字表达能力，从而判断你的潜力。

申请作文最重要的不是正确，很多家长希望确定孩子的文法无误、句子通顺、拼写正确，最好能够加上些豪华的字句或是俚语。事实上，招生老师要看的不是你的文法，因为你的英文程度已经有托福和SSAT证明了，作文的目的是要打动老师的心。别忘了你写的不是商务书信。

（五）推荐信

申请大部分学校要求2~3封推荐信，来自你英语老师、数学老师、校长或班主任。这些推荐信的地位在美加中的私立学校申请中是非常重要的。这些招生老师希望通过第三者来了解你是怎么样的一个学生。当然如果你的生活圈里有这个学校的重要校董／重要校友，或是在国际间有名望的人士来推荐你的话，当然有加分的作用。如果只是找一个有名望但和你不熟悉的长辈写一封不切实际的推荐信的话，也不会有什么直接的帮助。

推荐信的内容很重要，学校必须了解推荐人和你认识多久、在什么场合认识的，甚至需要推荐人的单位、职位和联系方法等，以便核实。

家长常常找我要推荐信的范本，事实上真正能够起到作用的推荐信，不应该是拿别人的推荐信来修改的。简单来说，网上有很多推荐信的样本，你只要把名字和日期改掉就可以交差了，在中国，很多老师也愿意在你修改好的模板上签字，很多中国的老师和家长都以为推荐信只是例行公事。事实上一个好的推荐信可以让招生老师对你的印象加分，在你不好意思吹捧自己太厉害的同时，让第三方来赞美你反而更有力。

我看过很多言不由衷的推荐信，就是充满了形容词的那种。老师A:

王同学成绩好，当班长，身体棒，聪明，认真负责，热心助人，优秀，自信，开朗，爱学习，有领导力、创造力，有幽默感，会乐器还爱运动，有强大的竞争力，爱读书的他曾经一口气读完三本小说，会写作又有团队协作的精神，老师同学都喜欢他，是一个完美的好学生，他到贵校去了以后，一定会为贵校带来荣耀！

老师 B：

其实三年前我第一次见到王同学，对他没什么印象，因为个子矮小他坐在第一排座位，平常交流时说话声音很小。他是个不死心的孩子，在一次作文题目为《我的家》的作业中，我才发现他先天身体的缺陷，是在妈妈生他难产的时候遗留下来的，他到六岁才第一次开口说话。他每天下课后自己上网学习发音，为了练习还参加了学校的合唱团……到了毕业的那一天，他代表毕业生在 800 名家长和同学面前致毕业感言。

招生老师要看的是实例，而不是天花乱坠的形容词。如果有一个真实可以感动人的故事，不需要形容词也可以让招生老师感受到这个同学的优势。

（六）成绩证明

学校的成绩单最好是英文的或是中英对照的，现在很多中国的学校都已经有中英文成绩单的模板。学校的成绩单可以是百分比或 A、B、C 制的，如果不是百分比的话，记得让学校标示清楚满分是多少，因为有的学校科目不是以 100 分计算的。记得要让学校在成绩单上面盖上学校的章，有的国外学校要求成绩单要装在中国学校的信封，并且封上后，在封口处再加盖一个学校的章。

（七）其他补充材料

除了申请表格之外，所有学生应根据申请文件清单上的要求，按照顺序准备好成绩单、推荐信等原件材料，以邮寄的方式在截止日期前寄送到学校。如果你有任何特殊的表现，要尽量让学校知道你傲人的成就，包括得奖记录、表演成果、活动表现等等。如果你申请的是艺术或表演方面的专业学校，校方还会要求你准备一个作品集，来确定你是否有符合他们要求的专业基础。作品集可以包含你的艺术创作的作品或作品的照片，或是你表演的 CD 或 DVD 等，有的学校可以接受你把作品传到网上，把链接放在申请材料里面让学校老师自己上网观看。要注意的是，学校在收到这些材料之后都不会退还，所以千万不要把奖状、证书原件或是奖杯奖牌都寄给学校。

另外一点要注意的是，千万不要擅自邮寄和申请不相关的材料给学校，很多家长把同学从小长大的过程、旅游的照片、生活的点滴都拍成专业画册甚至做成短片寄给学校。对于学校来说只能看到家长的心思，可是明显和同学的实力或申请没有关系，也不会有任何帮助。

（八）面试攻略

有些美加寄宿中学秋季开学的报名在同年的一、二月份就截止了，在你送出所有申请材料后，接下来要面对的就是一对一的面谈（面试）。

美加寄宿中学面谈的形式有几种，最直接的当然就是邀请申请人和家长到本校做一个正式的参观访问，同时在访问的前后预约和招生老师一对一的面谈。除了所谓的十大名校之外，大部分学校并没有到校面谈的硬性规定。当然如果申请人对亲自面谈比较有自信，最好能够亲自到学校面谈，因为你可以利用这个机会对学校的老师及同学情况多了解一点，同时也让校方知道你对他们学校的浓厚兴趣和你申请的决心。

面谈时，最重要的当然是你给学校的第一印象，所以穿着要注意，最好能够正装出席。尤其对学生的服装有严格要求的学校，你可以穿得比他们学校的学生更加正式。美国人很注重第一印象，除了穿着打扮之外，国际礼仪一定要注重。例如谈话时的眼神、主动问候、抬头挺胸、说话时口齿清楚、面带笑容等，都是很重要的细节。面谈的问题大多是围绕你的学习生活和课外活动，有时会问到你的理想或目标等等，这些都是比较容易准备的。需要注意的是，大多面谈老师在结束前都会问你还有没有其他要了解的问题。如果你客气地说没有，那这个面谈就此结束，但我建议同学在面谈前，先准备好至少 1~2 个问题，因为这个问题，可以代表你对他们学校的了解和兴趣。如果问得好，可以给老师留下深刻的印象，甚至有加分的作用。

前两年我们帮美国东部非常好的一所男校在北京组织面谈会，我事先给十多个学生做过培训，并且交代他们要注意外表、礼貌等等。当天一位 10 年级同学穿了一条牛仔裤来参加面谈，我很讶异地问他，我不是说过要注重穿着吗？他说，这条牛仔裤是我和妈妈在意大利旅游的时候在名牌店买的，要好几百欧元呢！另外一位矮小的 10 年级同学也很特别，他问表哥借了套西装领带，并梳着整齐的发型到面谈会场，他是当天唯一一位穿西装的同学。其他同学打扮得还算可以，但有的走休闲路线，有的走运动路线，每个人各有特色。在一天结束后，我问校长今天面谈的同学如何，他说，一天谈了这么多人，我只记得那个穿西装的男孩。他还说，我看得出来那套不合身的西装不是他自己的，但是他肯花精神研究学校的 dress code（着装标准），并且按照学校的要求打扮来见这位校长，再加上他的态度诚恳，校长很确定这个孩子有心要进他们学校。校长还说，其他有几位同学很明显没有准备好，还有的人可能只是来找我练英语的。

虽然面谈时学校已经有你的申请资料了，有时面谈老师还会给你一篇小作业让你当面发挥。在你专心写作的同时，老师可以和父母单独交谈，看看他们是否有什么问题需要和学校交流。

面谈后很重要的是，离开学校后，在一天内给面谈的老师写封感谢信，Email、传真或邮寄都可以，重点是要再次表达你对此校的兴趣，同时感谢面谈老师给你的机会和介绍（或老师给你的建议）等等。

当然并不是所有的同学都有机会亲自到申请的学校去参观和面谈，如果你没有办法到学校去的话，一般学校有几种形式进行面谈这个程序：

（1）由当地校友或代表和你约好时间面对面面谈；也有一些学校会在每年到中国现场面试学生，通常大部分学校只接受完成申请或是预约好的同学面谈；

（2）电话面谈。如果你无法亲自到你所申请的学校去参加面谈，那个学校也没有计划到中国来的话，通常你申请的学校会跟你约好确切的时间，打电话

Lucy 和美国 Choate Rosemary Hall 招生主任 Diana Beste 探讨国际招生情势

到你家里来和你做电话面谈。这时你要注意时差，美国不同的州在哪一个时区，冬令还是夏令时间，你要确定准时在家里等候电话。电话面谈和亲自面谈的最大不同就是老师看不到你的表情和肢体语言，你也看不到老师的表情，这样你的英文听力就面临比较大的挑战。

所以在面谈之前，最好可以找外教和你做电话面谈的练习。我所指的练习，不仅仅是面谈常见问题的问与答。你要注意练习自己在电话里声音和声调的控制，以及你自己的语速和表达的配合。说话时咬字要清楚，声音尽量精神一点，让对方听起来能想像电话这头的你是一个积极的人。在电话里，你要记得与老师保持一定的互动。比如说，如果你需要时间思考老师问题的话，你一定要让老师知道你在思考，你可以说“Let me think”，而不要沉默不语让老师在电话那头等候，或是老师有可能以为你根本没听懂他的问题。

在接电话时，当然也要注意礼貌。拿起电话后要主动问候，给老师留下良好的第一印象。面谈前，预先在电话旁边准备好纸笔，在面谈时可以写下老师提到的一些重点问题，或是给你的建议。同时，你可以预先把你准备好的问候语先写下来，一些自己觉得比较重要的问题要点也写下来，到时可以提醒自己。

但千万不要写好一大篇问答照着念，这样会显得很呆板。在面谈前，你必须做好足够的功课，也就是说，你最好可以对这所学校有一定的了解，并准备一两个问题和老师探讨。如果准备得好，电话面谈可以非常愉快，像在聊天一样，这也是学校和你互相了解的好机会。

（3）电脑视频面谈（Skype）。无论学校选择用任何一种形式进行面谈，原则都是一样，当然如果是电话面谈你可以不用穿着正式，但电话上的礼貌你也必须遵守，例如说话的音量大小、发音清楚等等。其实这些都是可以预先练习的，任何一种形式的面谈，只要你准备得越充分，到时你就会应付得更自如，所以无论是在家里自己照镜子练习或是和外教练习，都不要错过任何机会。在约好的视频面谈时间之前，一定要调试好设备，确定光线、网速都适合，以免开始面谈的时候再来做这些调试设备的事情。

一般视频面谈时，校方的目的除了测试你的英语交流能力之外，同时也在观察你的个性和交流方式是否适合在他们学校生活，所以比较能表达自己的同学通常比较受欢迎。因为以学校的立场，他们除了要吸引功课好的学生，也希望这个学生可以给校园带来与众不同的价值，如果你在运动或是艺术方面特别擅长，未来也许你能为学校赢得很大的荣誉。在英语方面，老师可能会问你一个有关你过去的问题，例如去年夏天做什么？也会问你现在的生活状态，比如常参加的活动、喜欢的科目等；学校通常还会用虚拟语气来提一个问题，来测试你对英语时态的熟悉程度。有一个学校的校长在面谈时很喜欢问：如果给你一张免费机票，你想去哪里？这个问题当然没有正确答案，老师除了要看你的反应和想像力之外，就是要看你的语法使用是否正确。

当然无论是亲自面谈、视频或电话面谈，最重要的是要放轻松，因为一般人紧张的时候就无法发挥正常的水平。另外，我会特别建议同学们可以找到专业的面谈培训老师，多做情景练习。练得多了，什么样的问题都能经历一些，一旦到了正式的面试场合，才真正能放轻松，正常发挥水平。

很多家长希望我们提供“标准答案”给孩子回家准备，事实上面谈的很多问题都是没有标准答案的，美国一个私立学校的校长告诉我，他们希望看到孩

子最真实的一面，而不是背诵一些以前被录取学生的答案

（九）美加中学面试常见问题

虽然面谈的题目千奇百怪，我们还是以十多年的经验整理出以下常见问题，同学们可以作为练习的参考，但是千万不要以为所有的面谈问题都会在这里面!

1. What is your name?

2. Do you have an English name?

3. How old are you?

4. Where are you from? Where do you live?

5. What school do you go to now?

6. What type of school do you attend? Is it a public, private, or boarding school?

7. What grade are you in?

8. What subjects/courses are you studying now?

9. What is your favorite subject/course? And why?

10. What course is your least favorite? And why?

11. Which course do you have the best/highest grade?

12. Which course do you have the worst/lowest grade?

13. What activities do you participate in outside of school?

14. Are you involved in any clubs/organizations/societies in your school?

15. What are your hobbies?

16. Do you play any musical instruments?

17. Do you play any sports?

18. Please describe a typical day at school for you.

19. Please describe your typical week schedule from Monday to Sunday.

20. What do you do on Saturday and Sunday?

21. What do you do for fun?

22. Where have you traveled with your family?

23. Where have you traveled alone?

24. Why do you want to study in the USA?

25. What do you want to do when you graduate from high school?

26. Do you know what you want to be when you grow up?

27. Why did you choose to apply to our school?

28. What other school(s) did you apply?

29. What film have you watch recently that impressed you?

30. What book(s) have you read recently? (English and/or Chinese)

31. What do your parents do for work?

32. Did your parents go to college/university?

33. Tell me about your parents?

34. Why do you want to come to our school?

35. Why should we choose you to be a student at our school?

36. If I asked your friends to tell me about you, what would they say?

37. If you want to be a good student, what should you do?

38. Tell me about your day-to-day life at school now. What do you like/dislike about it?

39. Tell me about someone who has influenced you a lot.

40. How do you spend your free time? Why?

41. What did you do on your last holiday?

42. If you could visit any place in the world, where would you go?

43. How do you expect life at our school will be different from your life now? What will be good? What might be difficult?

44. Tell me something that you're excited to try at our school that you've not had a chance to try here in China.

45. What's the funniest thing that has happened to you this year?

46. What is your career goal?

47. What do you want to do after 10 years?

48. What do you think you are doing after 15 years? (20, 30 years)

49. What question would you ask me if you are conducting the interview?

50. Do you have any questions about our school?

(十)申请美国寄宿中学技巧

很多家长都知道SSAT分数是中学生申请美加一流寄宿中学成功的重要因素之一，但不是唯一的条件。美国十大名校Choate Rosemary Hall的代表Diffley老师前几年在来华招生面试会上表示，他们要求所有的申请者都需要参加SSAT考试。有很多家长问学校对SSAT的具体要求，但Diffley先生的回答是，他们对申请者没有最低SSAT分数要求，因为除了SSAT成绩之外，学校要看到全部的申请材料加上学生的面谈表现后，才能够做出录取或拒绝的决定。

很多人以为像Choate Rosemary Hall这样的十大名牌学校，肯定要有90%的SSAT成绩才有可能录取，Diffley老师说他们曾经录取过一个只考了SSAT 8%的学生，因为这名学生在其他申请材料和面谈的过程中，证明了自己是个“不大会考试的孩子”。可是除了考试成绩之外，他的其他学术表现相当优秀，在面谈时也成功地说服招生老师，他能够在严峻的学术环境中接受挑战。很重要的一点，他是个美国的印第安人，在美国有印第安血统的学生算是少数民族，所以在激烈的竞争中也占有一定的优势。

中国学生十年前在美国学校的申请里也占有相当的优势，但这两年来自中国的申请人数剧增，让前几年的优势忽然变为了劣势。一位十多年前在Philip Andover学校毕业的中国校友开玩笑表示，如果让他今天再申请一次，他肯定进不去这样的名校，因为学校的要求随着申请者的人数和条件的增加，越来越难，几率也越来越小了。

在竞争这么激烈的情况下，中国学生必须要想办法把自己的优势亮出来，除了优秀的成绩和流利的英语之外，你还有什么？有些家长跟我说，我家孩子真的很优秀，各项成绩都很好，就是不会表达自己。事实上，不懂得表达自己，在申请美国名校时也是一个严重的致命伤。

在 Choate Rosemary Hall 的招生说明会结束后，几个比较外向的孩子留下来和招生老师交换心得。这点非常值得学习，不管考试成绩如何，英文流不流利，都要给招生老师留下深刻的印象。

增加被名校录取成功的方法有很多，最重要的是要找出你和其他申请人的不同之处。体育、音乐、兴趣爱好、家庭背景等等，都有可能是你的过人之处。一个从小父母离异的学生问我，美国学校会不会因为从小父母都不管我而看不起我这样的学生？我告诉他，那要看你用什么角度来阐述这个事实。如果你把自己当作一个可怜、没人管教、自暴自弃的孩子，那肯定要被人看不起，但如果让招生老师知道这几年你是如何在没有父母照顾的环境下获得比别的孩子更优秀的成就，那这些劣势也就变成了你的优势了。因此不管你的 SSAT 成绩好坏，在递交你的全套材料之前、在面对学校招生官员之前，好好思考总结你的闪光点，能帮你在名校申请中脱颖而出。

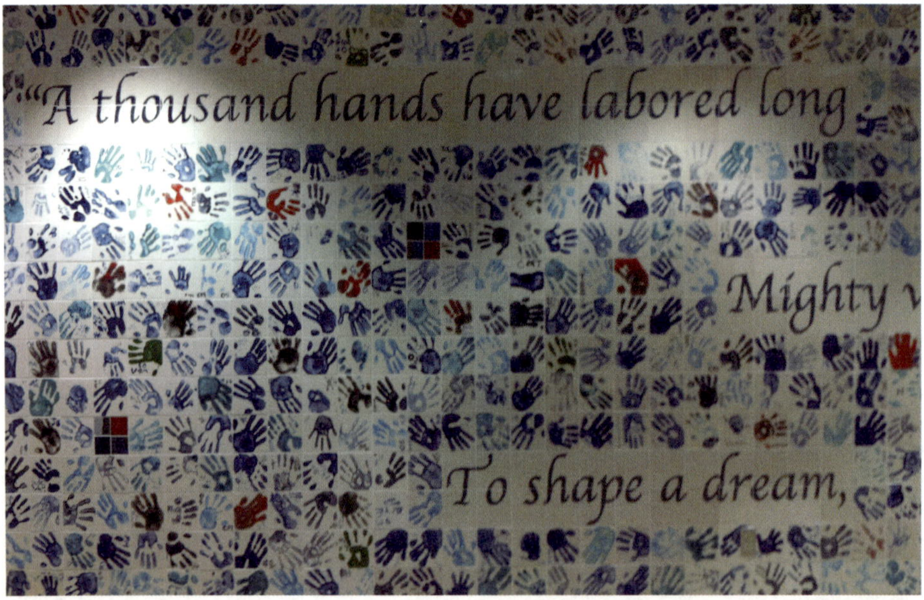

美国 The Hill School 通往运动场的路上印满了学生的手印，更像一条通往灿烂未来的路。

录取之后

入学协议（诚信问题）

在你收到学校的录取通知后，学校会寄给你一套所谓的确认函，也就是一份入学协议书。这个时候的选择是双向的，学校既然录取了你，你必须确认你愿意接受录取，承诺下一年度将在这个学校就读。一般确认函会要求家长和学生签字后将协议寄回学校，并要求学生支付押金，每个学校要求的押金数额不同，大约在 5,000 美元上下。这个时候你必须详细阅读入学协议书的内容，因为在你签字的同时，你也同意了所有协议书里面的规定。大多数学校的规定包括：××× 同学确定要参加本校这个年度整个学年的课程，并承诺在规定日期内，缴纳这一个年度的学费。

有的家长在签署入学协议书并付完押金后，收到了别的学校的候补录取通知，决定改变主意，自愿损失 5,000 美元的押金，以为就可以自由地更换学校了，这个时候你要特别注意以下后果：

你已经在协议里签署并承诺要参加这个学校本年度的学年课程，如果你决定不去的话，你已经违约了，你有义务要缴纳一年的学费。而且一旦你违约，学校有权利将你不诚信的事实通知其他学校，让其他学校决定是否要录取一个不诚信的学生。

西方国家对于协议和签字非常尊重，如果违约，是要付法律责任的。很多家长用看不懂或是没注意为理由挑战法律权威，事实上影响最大的是孩子。候补录取你的学校虽然已经发出预备录取通知给你，但是如果发现你在其他学校留下的“案底”，他们可以因为你不诚信而取消对你的录取。

以下附上《入学协议》样本。

附　入学协议

×××同学已收到AAA学校的录取信，将于2012-2013学年度在贵校九年级学习，我（我们）作为家长或监护人或同学（年龄在18岁或以上），将存入一笔2,000美金的不退还保证金到她的学费账户上。我们明白，通过签字并且寄回这份入学协议，我们会为×××同学整个学年的学习预留一个位置。同时，我们会负责支付学生在校开销的一切费用和全年45,200美金的全部费用（如果适用的话，例如学费、食宿费等）。如果学生因缺席、退学，或者开学后被开除，学校将不退回任何学费或费用，除了发生死亡事故、重大疾病，或者学生受到严重伤害。由于学校不会因为缺少一个学生而减少全体教员、教学计划或者教学设备的经费，所以除了上述所列情况，学校不可能存在有退款或者减少任何已缴费用。

我们明白：（1）如果×××同学被永久地开除或者因为任何原因永久地离开学校，除了死亡或者长期的致残性疾病或者受到伤害，所有的费用未缴余额应将即刻到账（包括当事人在求学中未偿付约定的学费或欠款，同时必须交纳所有因拖欠而产生的滞纳金）；（2）如果应交给学校的费用未定期付清，学校将有权不让学生参加考试，有权保留学生的学业成绩，或者有权把学生从学校开除（这些行为将不会影响到学校全额获得如前所述的所有费用）；（3）在学生提出书面请求付款后30天内，如果应缴费用始终保持未付款状态，该账户将提交给律师进行收款工作，律师的费用加上该利息和花费都将算入到学生的未缴余额。

我们进一步明白，如果我们要取消×××同学的入学，必须在2012年8月1日前通知贵校。这样除了不可退款的押金，我们将不会面临其它罚金。

在该协议下产生的任何纠纷或者争论应受制于美国仲裁协会商业规则的仲裁依据。仲裁员做出的任何判决或者裁决将是不可更改的和具有决定性的，且它将可以在任何法

美国 Choate Rosemary Hall 校长 Dr. Alex D. Curtis 及副校长 Kathleen Wallace 与 Lucy 合影

院的合法管辖权力范围内执行。

通过签署该入学协议，（1）我们接受 AAA 学院在学生 / 家长手册、入学指南和课程目录信息所例的条例、章程和期望；（2）我们也认识到 AAA 学院对课程供给、学生活动、课程安排、校内刊物、人员调整以及其他的政策、程序和惯例的适时改变会保留最终解释权；（3）我们明白对于非毕业班的学生，每年 3 月学校会决定是否邀请学生明年整学年继续入学。如果学生因为成绩或是个人表现没有达到学校要求，学校可能会给予有条件的次年入学通知；（4）我们同意学校与家长的关系本质是一个互相尊重的伙伴关系。如果合作关系中任何一方的信任破坏，即该学生的利益没能得到保障，双方应该立即终止该合约，在遵从上述财务约定的原则下。

我 / 我们已详读贵校 2012-2013 学年度学生入学协议，我 / 我们同意上述协议，以下是我 / 我们的亲笔签名。

家长或监护人和学生签名：

日期：________________ 学生（18 岁或 18 岁以上）：________________

日期：________________ 父亲：________________

日期：________________ 母亲：________________

AAA 学校：

日期：________________ 授权签字人：________________

（原文）

ENROLLMENT AGREEMENT

Having been extended an invitation for [redacted] to matriculate at [redacted] in grade 9 for the 2012-2013 school year, I/we as parent(s) or guardian(s) or student (if age 18 or older) enclose a non-refundable deposit in the amount of $[redacted] to be credited to her tuition account. We understand that by signing and returning this enrollment agreement we reserve a place for [redacted] for the entire academic year and we obligate ourselves to pay all charges incurred by the student and the full year's comprehensive fee (tuition, room and board, if applicable) of $[redacted]. The School will not remit or reduce any tuition or fees if a student is absent, withdrawn, or dismissed after opening day, except in the event of the death or long-term disabling illness or injury of the student. Since the School's expenditures for faculty, programs or facilities are not reducible with one less student enrolled, there can be no refund or reduction of any tuition charges or fees, except as noted above.

We understand that 1) if [redacted] is permanently dismissed from or permanently leaves the School for any reason, except death or long-term disabling illness or injury, the full balance of all charges becomes due immediately (including the principal of any outstanding promissory tuition loan note, together with all accrued and unpaid interest); 2) if any payment for charges owing to the School is past due, the School reserves the right to prohibit the student from taking examinations, to withhold academic records, and/or to dismiss the child from School (such action shall not affect the School's rights to full payment of all charges as set forth above); and 3) if any balance due on any charge remains unpaid for thirty (30) days after written request for payment, and the account is referred to our attorney for collection, an attorney's fee plus interest and costs shall be added to the outstanding balance.

We further understand that her enrollment, as specified within this agreement, may be canceled by us without penalty, excepting only forfeiture of the non-refundable deposit, by giving notice in writing to the School, received before 1 August, 2012.

Any disputes or controversies arising under this agreement shall be subject to arbitration pursuant to the Commercial Rules of the American Arbitration Association. Any judgment or award made by an arbitrator shall be final and conclusive, and it shall be enforceable in any court of competent jurisdiction.

By signing this enrollment agreement, we 1) accept the rules, regulations and expectations of [redacted] outlined in the Student/Parent Handbook, view book and course catalog information; 2) recognize also that the School reserves the right to change its course offerings, activities, class schedules, school publications, personnel as well as other policies, procedures and practices from time to time as circumstances may require; 3) understand that for non-graduating students, enrollment is on a school-year basis, with invitations to re-enroll normally extended in March; re-enrollment may be withheld or made conditional on the fulfillment of academic or behavioral requirements; and 4) agree that the essence of an independent school-parent relationship is a mutually respectful partnership. If the confidence of either party in the partnership is undermined to the point where the interests of the student cannot be well-served, then the contract should be terminated in full accordance with the fiscal expectations outlined above, or not renewed for subsequent years.

I/we understand this enrollment agreement executed with my/our signature below supersedes the former agreement for the 2012-13 school year for the student named above.

Signatures of Parent(s) or Guardian and student:

Date:__________	Student (if age 18 or over) __________
Date:__________	Father __________
Date:__________	Mother __________
For [redacted]	[redacted]
Date: June 20, 2012	Authorized Officer

Retain one copy for your records; return two signed copies to the Admission Office.

[redacted]

美国F1学生签证

在你获得了美国学校的录取通知书后，接下来就要申请学生签证。美国非移民签证有很多种类型，留学生的签证为F1签证。美国学生签证有两个高峰期，第一个是每年的5~7月，也就是准备当年秋季入学的学生；第二个是12月份，也就是准备次年春季入学的学生。建议同学们收到学校寄来的 I-20 表格后立即预约签证面谈时间，同时再准备签证面谈所需要的材料。

I-20 表格上除了含有学生和学校的基本信息外，还有学生所学课程、学费以及开学日期等最基本信息。学生必须在 I-20 上开学日期之前 120 天之内申请签证，即便很早获得了签证，也只能在 I-20 上开学日期之前 30 天内才可以入境。

（一）签证预约

预约签证面谈需要持有以下材料：

（1）有效期至少一年以上的有效护照；

（2）申请人身份证号码；

（3）申请人之前是否去过美国或是否被拒签过；

（4）持护照到中信银行购买的签证申请费，右上角有 8 位红色的收据代码（截止 2012 年 9 月 6 日签证申请费是 1024 元人民币，该费用会随时有变动）；

（5）2012 年 7 月 16 日开始需要提供 DS160 表格确认号码；

（6）在中信银行购买的 54 元（通话时长 12 分钟）或 36 元（通话时长 8 分钟）电话卡一张。

从中国致电请拨：4008-872-333（全国通用号码），从国外致电请拨：（86-21）3881-4611

周一到周五早 7 点到晚 7 点，周六早上 8 点到下午 5 点拨打电话预约签证面谈时间。预约时会依次问到以下信息：最近 6 个月常住地以确定你应该在哪个领事馆面谈；是否获得或被拒签过美国签证；协调你想要预约的签证日期和具体时间并确认护照号码、护照签发国家、申请人中文姓名、姓名拼音、身份证号码、出生年月日、性别、联系方式等信息，然后会再核对一遍刚刚报过的所有信息是否和你所持有的信息完全一致，确认完全一致后会生成一个预约编号并再次确认你面谈的领馆和具体时间，请记录下这个预约编号，若需要修改面谈时间时需要提供这个编号。

（二）签证材料准备

（1）护照原件

请确保护照有效期在一年以上并至少有一张可印制签证的空白页。

（2）签证申请费 1,024 元（经常会有变动）

在预约签证申请时间时已经从中信银行买好。

（3）SEVIS 费用

SEVIS 费是美国国土安全部从 2004 年 9 月 1 日开始执行的一项收费准则，费用为 200 美元，签 J1 交流访问学者或 F1 学生签证才需要交这笔费用。SEVIS 是 the Student and Exchange Visitor Information System 的缩写，所以这笔费用是作为到美国的交流访问人员的管理基金。交费网址：https://www.fmjfee.com/i901fee/index.jsp

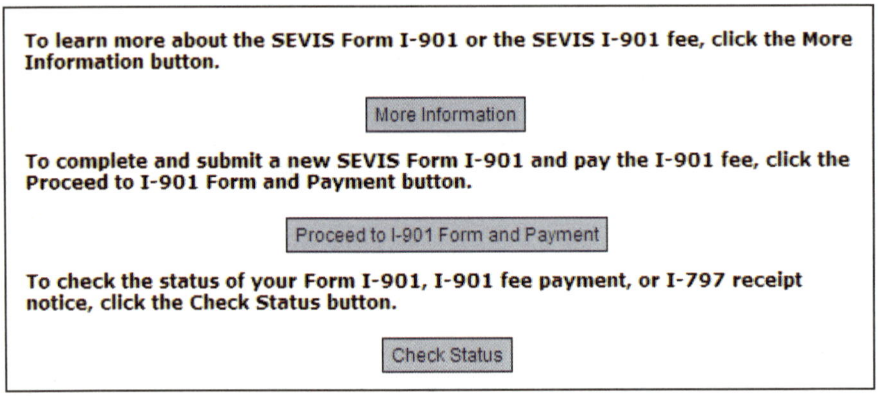

SEVIS 缴费网站截屏图

如上图，选择 Proceed to I-901 Form and Payment，然后选择 I-20，点击 Ok to continue，接下来就按照你的实际信息来填即可，需要注意的是 SEVIS Identification Number 可以在 I-20 表格首页的右上角找到是 N 打头的 9 位数字，例如 N0009140737；School Code 也可以在 I-20 表格首页左上方找到，例如 BAL214F00069000。核对信息后用双币信用卡支付 $200 SEVIS Fee，打印出一张收据，签证时带过去即可。

需要注意的是有极个别学校会帮学生事先交好 SEVIS Fee，如果你填写好基本信息后系统提示已经交过，你可以点击如上图 Check Status，输入相应信息，也会打印出一张收据。

另外，以后学生无论转学还是升学，只要学校根据程序将该学生的 I-20 转到新的学校，学生的 Student SEVIS ID 是不变的。根据现在的规定，转学或升学（签发 I-20 的学校有变化）是不可以通过中信银行代传递，需要重新预约面谈时间的，即便如此，只要学生的 Student SEVIS ID 不变，那么是不用重新缴纳 SEVIS 费用的，当然也有的学生没有通过 I-20 Transfer，而是新的学校重新发了一张 I-20 过来，Student SEVIS ID 有变化，那么还是需要重新缴纳一次的。

（4）DS160 表

即签证申请表，请网上填写。网址是：https://ceac.state.gov/genniv/

DS160 表网上截图

（5）学校录取通知书 +I-20 表格原件

学校录取通知书，英文 Offer of Admission，Acceptance Letter 等等。有些学校支持环保，不快递原件给学生，而是改用 PDF 电子版本 Email 给学生，但 I-20 表格则一定需要原件。

I-20 是美国学校发给外国学生用来申请签证，是好进入美国的通行证，上面载明了持该表学生就读的学校、系所、准予合法在美国居留的期限，及财力证明的金额等重要事项。

I-20 是由美国政府承认的学校签发给国外的申请者用以证明其合法学生身份的文件，其目的主要包括：①申请赴美签证；②证明该名学生的入学资格；③证明该名学生的学生身份；④证明该名学生的合法工作资格。I-20 作为 F-1 签证持有者在美国停留期间证明其合法学生身份的文件，是最重要的文件之一（除此之外，还包括签证和 I-94）。因此，如果这份表格有任何错误或需要作任何修改，必须及时与学校联系并更新该表格。这份表格除签名处和第 3 页的工作授权处，其余部分不得涂改，否则这份表格作废，并且任意涂改这份表格可能导致该名学生失去合法学生身份并可能被驱逐出境。

I-20 表一共有 3 页，包括第 1 页：证明该名学生的身份等其他重要状态；第 2 页，包括有关 I-20 表格的注意事项；第 3 页，给予该名学生合法的工作授权和短期出入境的记录。注意，有些学校的第 1 页和第 2 页是打印在一张纸上，有些学校是单面打印，因此，可能会出现纸张数目不同的状况，但是页数是一定的，一定是 3 张。如果缺少某页，必须与学校联系，要求重发。缺少任何一页的 I-20 表格都是不被允许和不被承认的。

（6）银行存款证明原件 + 存单或存折原件

银行存款证明所开具的金额应当不少于学生在美就读期间费用的总和，比如学生去读 10 年级，每年学费 + 生活费总共是 6 万美元，那么读完高中总共需要 4 年，也就是 24 万美元，折合成相应的人民币去银行开一张银行存款证明。为了进一步证明银行存款证明的真实性，需要提供相应的存折或存单的原件，如果使用的是电子银行需请银行打印相应的对账单，这种对账单一般能体现出账户活期和定期的余额。请记住银行存款证明所开具的金额，面谈时可能会被问到准备了多少钱去美国读书。

（7）父母工作收入证明原件

父母工作证明是由各自工作单位出具的，是证明学生家长有稳定工作和经济收入来源的材料。需要包含以下内容：工作单位简介、自何时起在本单位工作、职务和职责、月收入及年收入。需要注意的是，父母年收入的总和最好不少于学生在美国一年的总花销以及父母再过年一年的花销。比如学生一年的总花销是 30 万元人民币，父母在国内一年的花销是 10 万元人民币，那么父母年收入总和最好不少于 40 万元人民币。工作收入证明需要打印在公司信笺纸上，右下角落款处盖章，请证明人签字，最好能提供证明人和被证明人的名片各一张。请记住父母工作单位的名称，父母的职务，月收入和年收入，这些都是经常会被问到的小问题。

（8）最近 3 年学校成绩单原件 + 最近毕业证原件（如有）

在申请学校时都需要提供成绩单的，最近三年的包括过去两年以及当前就读一年的成绩单。如果学生恰好刚刚初中或高中毕业，最好带上初中或高中毕业证书。

（9）标准化考试成绩单 + 语言考试成绩原件（如有）

申请美国学校时需要提供一定的标准化考试成绩或语言成绩，比如申请中学需要提供 SSAT 或 TOEFL 等成绩当作补充材料。

（10）房产证 + 户口本原件和翻译件

提供房产证是固定资产证明学生家庭的经济实力，并且从侧面证明银行存款证明上面的资金不是卖掉自家住所所得；因为银行存款证明所开具的名字一般是学生家长的名字，房产证可以证明你们的亲属关系。当然，这两个材料被看到的几率非常小，但签证当天最好还是带过去，有备无患。

（三）签证面谈

美国签证申请的要求是本人亲自到场面对面回答签证官的问题，所以学生在现场的表现非常关键，因为即便你申请材料准备得再丰富翔实甚至是完美，材料也不能张口说话代替你回答签证官的任何问题。下面就来介绍一下美国签证面谈需要注意哪些，经常会被问到哪些问题以及该如何回答这些问题。

美国签证面试的主要目的是要知道申请人是谁。签证官需要确定你就是申请表上所描述的那个人；你去美国留学的目的正如你在材料中所体现的一样。面试的另一个目的就是给申请人一个机会，证明申请人根本就没有移民意图。

《美国移民和国籍法》中第214条（b）款规定："每位外国人在申请签证时都将首先被假定具有移民倾向，除非他能使领事官员确信其具有非移民资格。"

申请人要想成功获得旅游或学生签证就必须满足《美国移民和国籍法》中第214条（b）款的要求，否则将会拒签。

事实上，美国欢迎世界各地的人移民到美国，但关键是，他们愿意接受那些聪明而又努力的成功人士。作为学生，他们相信你有潜力在今后成为一名成功的美国公民，但你必须要让他们能够看到你的潜力所在。如果你能让签证官认定你是一名对未来有着梦想有着自信的学生，那你一定能够顺利地通过面试。

1. 面谈需遵守的主要事项

（1）外表。签证官对你的第一印象来源于你的形象，也就是你的穿衣打扮。

美国 Choate Rosemary Hall 图书馆一角

美国 The Taft School 学习中心

穿着要得体，看起来要干净正式，但要符合学生身份。

（2）注意礼貌，要诚实。注意听每一个问题。签证官希望将签证发放给诚实的学生。举止要大方，切忌夸张的运用表情和动作。多用一些礼貌用语，如：请、谢谢。如果被问到是否理解签证官说的话，肯定回答时要说："I understand"，而不是说"I know"，因为在英语中，说"I know"是对问题的一种不礼貌回答。

（3）说英语时要吐字清晰，表现出自信与热情，最好能面带微笑，切忌唯唯诺诺。签证官将会坐在一扇玻璃窗后面，因此说话时务必要大声、清楚。如果能让签证官感到他们就好像和你在同一个屋子里面，这将对你非常有帮助。

（4）整个面谈过程都要注视着签证官，始终保持良好的态度。即使签证官一直在看他的电脑屏幕，也不要让他的这种不友好的态度影响到你。你必须理解签证官每周都要面试数百名学生。他们每天都问着同样的问题。如果换作你去做他们的工作，你也一定会偶尔有这样的疲倦期。但是你只有一次机会获取签证官对你的好印象，所以无论如何请保持微笑！

（5）回答问题时要简明扼要。即使你感觉签证官很友好，他似乎很愿意听你说家庭历史，但请记住他们更希望你能尊重他们的宝贵时间，因为签证官每天都有许多学生要面试，不可能花全部的时间给你。每一个问题应该用一两句话概括回答，最好不要超过三句。

（6）注意回答问题时的停顿时间。当签证官提出问题时，尽量不要停顿太长时间，最好在 3 秒钟之内做出回答。这样你可以节省签证官的时间，要知道还有许多的学生在等待面试。另外，如果你思考问题的时间超过了 3 秒钟，签证官可能会认为你在犹豫，因此会怀疑你不诚实。如果你不知如何回答问题时，就如实地告诉签证官你不知道答案。而如果你没有听懂问题，就直接请签证官再重复一遍。不要让签证官等着，猜测你。

（7）清楚地了解你准备的所有材料。当签证官要求你递交 SEVIS 收据或你父亲的工作证明，你必须明白签证官的意思，及时递交上相应的材料。

（8）记住所有与你留学有关的数字，例如：父母的收入、学费、留学年数等等。

（9）要向签证官说明你的学习和职业计划。这就要求你对自己所要学习的专业、将来所要从事的职业以及将来希望工作的公司都要有明确的想法。任何人都无法知道自己5年或10年后会是什么情况，因此对你来说更重要的是表达你有一个梦想，而不是说你将会做什么。美国人喜欢对未来有梦想，因此他们也希望去美国的人同样有梦想。

（10）练习，练习，不断地练习！准备面试的唯一方法就是尽可能不断地练习回答问题。如果你没有朋友或英语老师帮你，那就对着镜子，自己练习问答。

（11）如果拒签了，不要放弃！

面试前的晚上早点休息，然后早上吃顿丰富的早餐！你可能要在等候室等待很长时间。

2. 签证面试问题样例

1. 你这次美国之行的目的是什么？你为什么去美国？
2. 你在美国打算呆多久？你将在美国呆几年？
3. 谁将支付你在美国学习的费用？谁将支持你去美国读书？
4. 你的父母为什么支持你去美国读书？
5. 你的父母做什么的？
6. 你父母的月收入是多少？年收入是多少？
7. 你之前去过美国吗？
8. 你以前去过其他国家吗？
9. 你为什么选择这所学校？谁帮你选了这所学校？
10. 你现在的学校是哪所学校？你现在在哪读书？
11. 你现在读几年级？
12. 你初/高中是否毕业了？
13. 你目前的教育阶段是什么？
14. 你有接受过英语培训吗？你学习英语有多少年了？
15. 你有没有参加过SSAT/TOEFL考试？成绩多少？

16. 你为什么不想在中国读书?

17. 从这所学校毕业后你的打算是什么?

18. 你在美国有亲戚吗? 他们在哪?

19. 你有认识的人在美国学习或居住吗?

20. 如果你拒签了你会做什么?

21. 学校的学费是多少?

22. 你有奖学金吗?

23. 你哪天去美国?

24. 你申请过多少所学校?

25. 你将会带多少钱去美国?

26. 你的学校会提供英语培训吗? 学校有 ESL 课程吗?

在这里还是有必要再讲一下，有两个问题经常被问到，非常重要:

1. 你为什么选择去美国读书?

2. 你为什么选择这所学校?

(四) 留美签证三大误区

签证，是整个留学办理中至关重要的一步，其实也是最水到渠成的一步。往年的 5 月开始都是学生签证申请的高峰期，今年当然也不例外。在准备申请签证时，学生和家长通常会有一些误区，在此我要特别指出。

误区一:美国签证每年都有配额，因此签证申请越早越好。

关于这点，美国大使馆签证处一再强调，没有所谓的“配额”之说，签证处只给那些符合签证申请条件的申请人发放签证。而纵观每年夏季学生签证申请情况，并没有发现 8 月的签证比 5 月的通过率低。而往往有些学生在没有做好充分的签证准备的情况下，为了盲目赶时间而去面谈，结果反而不如人意。因此，我要特别建议各位学生一定要熟悉申请材料、做好面谈前的练习，再从容应对面谈。

误区二:美国签证完全取决于运气。

由于美国签证采用的是面谈的方式，给人的感觉是签证官的主观因素比较大，因此会把成败归结于运气。客观上来讲，这方面的因素会有，没有任何一个国家的签证官在审核材料时能做到百分之百的客观。但是，我们要相信，所有的签证官都非常专业，对该国的签证政策十分了解，而且可以说他们阅人无数。也许你的一个小动作或是你对某个问题的犹豫回答已经能让他们推测出你的出国动机及你是否有能力承受在美国的学习压力。因此，这也是我一再强调的，多做练习，让那些可能出现的问题答案成为你自己心里的答案，让你能自然地表现出来。

误区三：万一第一次美国签证被拒绝，就没有再次通过的希望。

事实证明，很多被拒签过的学生在第二次签证时都顺利通过。关键是要能分析出第一次被拒签的原因。因此学生要记得签证官每问一个问题时，你是怎么回答的，他看了你的哪些材料，出现过什么样的表情，在哪个问题之后拒签你的。要知道签证官跟你或你的家庭没有私人恩怨，一定是你的某个表现让他觉得你不符合申请要求。而美国签证的回避原则会确保第二次跟你面谈的签证官不会是同一个人，他在电脑系统中能看到你第一次被拒签的原因，因此，他更关心的是你的第二次申请有何变化。所以，如果对症下药，顺利通过并不是难事。关于学生签证，我们只要掌握一个原则，那就是真实地表现出你去美国学习的意愿和能力。

加拿大学生签证

在学生拿到学校录取通知书后根据领事馆要求的“加拿大学生签证清单”准备签证材料。签证材料随时会有变动，签证要求可登录网站：http://www.vfs-canada.com.cn/chinese/index.aspx 进行实时查询。

加拿大学生签证材料清单：

（1）填写完整的“学习许可申请表”（IMM 1294）。

（2）申请人完整填写的“家属表和教育及就业细节表”，请使用中英文或中法文填写。

（3）申请人的父亲和母亲分别完整填写“家属表和教育及就业信息表”，

请使用中英文或中法文填写。

（4）申请人需递交两张相同的在最近六个月内拍摄的彩色或黑白照片，背景为纯白色或浅色。相片外框大小为 35 毫米 ×45 毫米。每张照片后以拼音注明此人的姓名及出生日期（日/月/年）。

（5）本人有效护照。护照须包含除最后一页外的至少一整页空白页，且必须在行程前至少六个月内有效。

（6）两份用中文写有申请人现住址的粘性贴纸（无需信封）。

（7）以现金支付申请受理费。受理费不予退还。

（8）由指定体检医师提供的体检表格副本（如果体检已完成）。

（9）加拿大学校录取/登记办公室的录取通知书复印件，显示申请人需缴纳的准确学费金额、预期的学习起止时间以及申请人最迟的可注册时间。

（10）学习许可指南中提及的学习计划。

（11）如有第三方人士帮助你准备此次申请，请填写代理人信息表 IMM5476E。

（12）下列申请人需要来自于父母及加拿大监护人的监护声明：

18 岁以下且就读学校位于阿尔伯塔省、曼尼托巴省、安大略省、爱德华王子岛省、魁北克省或萨斯喀彻温省；或 19 岁以下且就读学校位于不列颠哥伦比亚省、纽布朗斯维克省、纽芬兰省、新斯科舍省、西北领地、努纳武特地区或育空省。监护声明可从以下地址获得：www.cic.gc.ca/english/pdf/pub/custodian-parent.pdf

（13）若计划在魁北克省学习，递交一份有效的魁北克省接受函（CAQ）。

（14）本人户口本原件。

（15）曾经获得的所有大学或学院学历的公证件，以及所有的课程成绩单。如果仍未毕业，请注明预计毕业日期以及其将获得何种学位、学历或证书。（若有）

（16）高中毕业证书的公证件，以及高中登记办公室加盖公章的成绩单公证件。（若有）

加拿大女校 St.Margaret's School 绿草如茵的校园

（17）无犯罪记录证明的公证件。申请人年满 18 岁后，若在中国以外某国家或地区曾连续居住六个月或以上，均必须从此国 / 地区获取警方无犯罪记录证明。

（18）反映至少 12 个月资金累积历史的证明。要求如下：

- 日期为最近两个月内的显示现有可用资金的存款证明原件；
- 存单原件及 / 或存折原件；
- 资金来源的书面说明。

其他形式资产的相关文件，如股市账户、商业交易文件及房地产交易文件，虽然不能替代上述所需文件，但可以附于申请内。若无法提供文件证明，申请人也可以提供一份书面说明。

（19）申请人父母的收入及雇佣证明。要求如下：

- 申请人父母各自的现任雇主出具的雇佣证明信原件，包含父母各自雇主的全称、地址和电话；父母在该处就业年限、职务、最近两年的收入、有无任何奖金和额外收入。如果申请人由父母以外的人士资助，请按照以上要求提供相应信息；

- 地方税务机关出具的最近12个月中父母各自个人收入所得税的缴税单原件，包含缴税人姓名及其名下所缴纳的金额。

（20）如果父母一方或双方拥有或部分拥有某公司，请递交：

- 营业登记证的公证件
- 近期的缴税单据
- 公司上一个财务年度的财务审计报表和验资报告

（21）如果申请人在职，请递交：雇佣证明信原件，包含雇主的全称、地址和电话；申请人在该处就业年限、职务、最近两年的收入、有无任何奖金和额外收入。

（22）如果申请人接受某加拿大学校或其他组织的资助，请递交详细说明预期学习期间每一年申请人将获得资助的文件原件。

以上所有中文文件必须附有英文或法文的翻译件。

另外，体检可以与准备签证材料同时进行，学生可以在国内各大城市，到加拿大大使馆指定医院就近安排体检。体检需携带5张护照尺寸照片、护照原件、护照首页复印件、现金1500元左右。具体携带材料及注意事项以打电话预约时的要求为准。

签证材料准备完备，递交至加拿大签证中心。通常签证审理时间为3周左右，但是在签证申请旺季（如7~9月份），则需要更长时间。所以建议学生至少在开学前两个月提交签证。

签证材料递交之后，学生可在网站上随时查询签证进度，等待查询进度提示“您可以来签证中心领取您的护照了”，便可以去领取护照，护照领取后方可知晓签证申请是否成功。

Citizenship and Immigration Canada | Citoyenneté et Immigration Canada

PROTECTED WHEN COMPLETED - B

PAGE 1 OF 4

APPLICATION FOR STUDY PERMIT MADE OUTSIDE OF CANADA

Validate | Clear Form

1 UCI | 2 I want service in | OFFICE USE ONLY Validated

PERSONAL DETAILS

1 Full name
Family name (as shown on your passport or travel document) | Given name(s) (as shown on your passport or travel document)

Paste

2 Have you ever used any other name (e.g. Nickname, maiden name, alias, etc.)? ☐ No ☐ Yes
Family name | Given name(s)

3 Sex | 4 Date of birth YYYY MM DD | 5 Place of birth City/Town | Country

6 Citizenship

7 Current country of residence:

Country	Status	Other	From	To
			YYYY-MM-DD	YYYY-MM-DD

8 Previous countries of residence: During the past five years have you lived in any country other than your country of citizenship or your current country of residence (indicated above) for more than six months? ☐ No ☐ Yes

Country	Status	Other	From	To
			YYYY-MM-DD	YYYY-MM-DD
			YYYY-MM-DD	YYYY-MM-DD

9 Country where applying: Same as current country of residence? ☐ No ☐ Yes

Country	Status	Other	From	To
			YYYY-MM-DD	YYYY-MM-DD

10 a) Your current marital status | b) (If you are married or in a common-law relationship) Provide the date on which you were married or entered into the common-law relationship | Date YYYY-MM-DD

c) Provide the name of your current Spouse/Common-law partner
Family name | Given name(s)

FOR OFFICE USE ONLY - DO NOT WRITE IN THIS SPACE

IMM 1294 (07-2012) E

This form is made available by Citizenship and Immigration Canada and is not to be sold to applicants.
(DISPONIBLE EN FRANÇAIS - IMM 1294 F)

Canada

加拿大学生签证申请表

健康/疫苗证明

所有美加的学校在学生正式报到之前，要求提供医学证明和预防接种证明，基本分为三个部分：

第一部分

包括既往病史、家族病史、现病史和药物禁忌症。

第二部分

是健康体检内容，认可我国出入境检验检疫机关签发的《国际旅行健康证明书》规定的体检项目。

第三部分

是儿童时期和当前的预防接种证明，包括疫苗种类、接种次数、接种时间和疫苗型号。疫苗种类涉及卡介苗、脊髓灰质炎疫苗、麻疹、风疹、腮腺炎、水痘、流脑、乙肝、甲肝、乙脑、白喉、破伤风、百日咳、B型流感嗜血杆菌疫苗、伤寒疫苗等近20种。

如果疫苗接种记录不慎丢失，并不需要全部补充接种。具体需要补充接种哪些疫苗，要根据留学目的地的要求和个人的年龄情况而定。美加不同的州和省份，对于留学疫苗接种的要求不尽相同。每个人到了一定的年龄段，即便没有接种疫苗，也会获得对某些疾病的免疫力。因此建议你携带个人资料，提前一个月与卫生保健中心联系，咨询办理健康体检和疫苗接种等有关手续，签署《国际旅行健康证明书》和有关医学证明，避免因体检和疫苗接种要求不符合要求而影响学业。

大部分中学对于疫苗接种的记录非常重视，曾经有学生入学到学校报到时因为没带这份证明，学校拒绝他进学校和同学一起上课，并要求他如果不补齐证明的话，就必须即刻到当地医院注射所有要求的疫苗，才予以入校上课。

申请留学的时间安排表

申请美加寄宿中学的时间，当然是越早越好，如果你的目标比较高，可以根据以下的时间表来做准备，我在此以申请难度最高的美国寄宿中学作为例子。

美国寄宿中学的截至日期每个学校不一样，有的学校甚至开放所谓的滚动招生，就是在有名额的情况下都可以接受申请。但是门槛较高的寄宿制中学每年的秋季入学招生（开学约在8月底9月初）一般截至日期在同年的1月15日左右。也就是说，在开学的九个月之前，你必须把所有的申请材料准备好，包括学校要求的标准化考试成绩、申请表格和所有的补充材料等等。按照进度往前推算的话你至少需要花上三个月以上的精力准备所有的材料，至于考试更不用说了，只能说准备得越早越好。

这里我们以学生入学前一年的暑假作为起点开始做规划。

预定入学前一年

7月

暑假开始，如果孩子之前没有丰富的国际化背景，最好可以安排一些海外的暑期活动，这样可以让孩子开展视野，锻炼孩子离开父母一段时间的经历，同时借这个机会确认一下孩子出国留学的决心。如果他对海外或是独立生活彻底地不适应，家长就可以暂时打消送孩子出国读高中的念头，因为很明显他还没准备好。通常孩子从海外的暑期课程回来后反应多数比较正面，他也会趁此机会更加努力为自己出国读书付出努力。

同时家长的工作就是要开始了解学校，在家长真正开始行动之前，首先要了解的就是你孩子的程度，什么样的学校适合他，这个学校可以在他成长阶段最重要的这几年帮助他学习生活、找到人生目标，顺利地展开他下一段人生。光是寄宿学校，在 TABS 协会里的成员就有 282 个会员学校，其中 28 个在加拿大，5 个在北美洲以外，所以在美国的 TABS 的会员学校只有 252 个。除了 TABS 会员学校之外，美国还有一些非 TABS 会员学校分布在全国各地，例如专业的运动训练学校，如网球、高尔夫、足球等。

中国家长选择学校的第一步应该先了解孩子的英语程度，因为在申请学校的过程中英语通常是最大的一个关卡。如果孩子的英语程度非常好，可以考虑申请起点比较高的学校，这些学校通常没有 ESL（国际学生的英语加强班），但是申请这类学校，你必须要有一定的 TOFFLE / SSAT 成绩才可以，因为进入这类学校之后，学校老师会以相同的英语要求对待国际生和当地学生，交流速度、课堂及作业的阅读速度、写作及论文的程度都一视同仁。当然很多孩子在还没准备好的情况下也不要紧张，因为美国也有很多学校提供 ESL 课程，给予英语还未达到一定程度的孩子更多的支持。

择校的细节我在“如何选校”的章节里已经介绍过了，家长的重点就是选出 10~12 个与孩子程度相当，同时你们对学校的总体情况又比较满意的学校清单。真正申请的时候不一定要递出这么多个学校的申请，因为你在接下来的几个月可能会有选校名单上的变化。

8 月

孩子从海外暑期课程结束回来也不要松懈，根据选好的学校名单，先要到每个学校的网站仔细阅读他们的入学要求，如果有任何标准化考试的要求，这个时候应该要开始准备这些考试，因为通常这些考试都需要提前报名，如果报名的时间太晚，会影响考试的地点（考场城市），甚至在额满的情况下，没有办法参加考试。例如SSAT的考试从每年的10月开始，而且不是每个月都可以考，在国内如果不是美国学校的校内考试，目前只有上海和北京有考点。如果没有把握，可同时报名2~3次的考试。托福考试时间比较多，但是因为应考的人数也相对较多，最好还是提早报名。

这个时候最好可以开始计划你的参访行程。几乎每个学校都会有开放日（Open House），有的学校称为Admission Visiting Day，总之在你的学校名单里面，你可以上每一个学校的网页看看，一般在School Event，Admission 的页面上都会有他们学校开放参观日的时间。大部分学校会在9月底或10月初举行，这一天学校开放给所有有兴趣申请的学生及家长参观学校的硬件设施，师生的上课情况，展示学生作品，通常校长或招生主任会有一个比较正式的介绍，

加拿大Shawnigan Lake School气势辉煌的餐厅

就像在为学校做说明会一样，也有的学校会安排学生表演，你也可以和老师及同学们交谈、提问等等，借此你可以直接从现任老师和学生的交流和相处方式来观察这个学校是否适合你的孩子。一般 Open House 大约会在半天左右，有的学校还会招待参观的家庭品尝他们学校的午餐。所有学校的 Open House 时间一定要预约才能够参加，在暑假期间你必须做好这个行程的计划，因为去了一趟美国总是希望能够多参访几个学校，而 Open House 就是了解学校最好的机会。美国很多学校的 Open House 的时间在同一天，甚至同一时间，有的相隔一周左右，但大部分都会集中在 9 月底到 10 月中左右，如果没有办法约上 Open House 的话，你也要尽早和你想参访的学校预约好你参访的日期和时间，这些都应该在 8 月就完成，有些受欢迎的学校可能因为预约参观的人数过多，无法在你行程预定的时间接待你们。参观学校的行程一般在 1 周至 10 天左右，也没有必要漫无目的地随便参观，毕竟参观学校也是一件比较辛苦的任务。学校都约好了以后，你就要尽快开始准备护照、签证、机票、租车、酒店等行程预定。英语较好并且有丰富旅游经验的家长其实这些工作都可以自己进行，或是交给旅行公司帮忙安排旅游的部分。

如果你计划参访的时间允许，有的学校甚至可以让你在学校体验一天一夜，也就是说白天和他们学校的学生一起上课、活动、吃饭，晚上还可以在他们的宿舍体验一下住校生活。当然不是每个学校都有这样的体验政策。

9 月

虽然打算出国留学，国内的学习还是不能放松。这段日子孩子会比较辛苦，最主要是国内学校的学习不应该就此停住，这个学期的成绩还是很重要的。孩子白天参加国内的课程之外，还要利用晚上及周末的时间继续加强英语和 SSAT、托福等考试的复习工作。

家长这时候要在每一个学校的网站上下载申请表和所需要的清单，帮忙孩子根据清单上的要求收集资料。大部分学校网站都有自己的表格或网上申请的功能，但是很多学校也都认可 TABS 的共用表格，或是 SSAT 的表格。

10 月

这个月是到美国参观学校和面谈的好机会。10 月初是中国的国定假日，通常我们有一周左右的时间可以不影响国内学校的学习进度，利用十一假期到美国去做好下一步的准备，如果 7 天不够的话，可以在前后多请几天假也不会有太大的影响。这时虽然你还没有递交所有的申请材料，但是因为你难得去一趟美国，可以利用参访校园的机会顺便和招生老师面谈。

参观学校的过程很重要，这些细节我们在“眼见为实”和“面谈”的章节里面有详细介绍，一定要仔细阅读。在参观学校的时候做好记录，同时尽量给学校留下最好的印象。千万要记住的是，面谈完毕要尽快给老师发个邮件表示感谢！

每年 10 月底到 11 月初之间还有一个重要的活动，就是一年一度的 TABS 在中国的展会——北美寄宿中学交流会，数十个 TABS 的会员学校会到中国来招生，这是美加中学一年一度来华招生的最大规模的展会，这段时间还会有很

TABS 招生展现场人潮涌动

多没有参展的学校也会同时来华进行招生或是拜访家长。展会在上海和北京两地举行，虽然每个城市只有短短的两个小时，学校代表们在展会的前后一天的时间会安排给预约好的同学面谈。不管你的申请准备好了没有，都可以和这些学校预约面谈。这些和学校面对面交流的机会非常重要，因为学校老师会留下所有的面谈记录，到时这些记录都会留在你的申请材料里。

11 月

这个时候学生的标准化考试（SSAT / 托福）成绩应该都出来了，这些成绩是否和你当初选校时预估的差不多？如果有比较大的差别，就必须重新选校，这时候其实还来得及。

同时你要开始准备学校申请表格上所需要的资料，除了成绩单外，有很多文书的工作要做，包括家长对孩子的陈述信、老师的推荐信、学生自己的作文等等。美国学校对于这些文书相当看重，一定要认真对待。最好 11 月初就选好帮你写推荐信的老师，并把所有该填写的表格都发给老师，至少要给老师一个月的时间填写，这样确保老师能够在 12 月完成推荐信并定期邮寄或电邮给所申请的学校。

同时学生也要开始写你的申请文章，TABS 和 SSAT 申请表上有标准的作文题目，有的学校会多给同学一至两个题目发挥，很有可能每个学校要求申请者写些不同的主题，所以一定要认真对待这些题目并在写好以后交给对美国学校情况比较了解的老师看看，是否需要修改。如果在方向、概念上或是措辞有需要修改的地方，就可以在这个月尽快将文章完成。

12 月

虽然大多数学校的申请截止日期在 1 月 15 日，你最好可以在 12 月就准备好所有的资料以免有任何的疏失，12 月其实要做的事情不多，因为 12 月是美国及加拿大学校准备放假的月份，学校一般都在 20 号之前就纷纷放假，准备开始过圣诞假期。虽然很多学校可以网上申请，但是很多材料还是需要原件的，包括成绩单、作品集和需要签字的文件。资料准备可以参照“申请细节”这一章，确定所有材料都齐全后，用快递的方式寄给学校。12 月份是美国邮政最忙的时段，因为圣诞节是美国最重要的节日之一，很多美国人或是在国外的亲朋好友还是会选择邮件卡片和礼物，所以12月底到1月初的邮寄都会比平常慢一点。如果准备得早，就可以确保在1月15日之前把完整的申请材料寄到你心目中理想的学校了。

入学当年

1月

在学校收到你的申请材料以后，如果你还没有参加过学校的面谈，那学校就会通知你面谈的时间，如果申请人没有办法亲自到学校面谈，招生老师也没有计划到中国的话，那么学校会跟你约好通过视频面谈。还有一个重要的工作，如果你上的是国内的中学的话，一般国内学校的都会在1月份左右放寒假，这个时候你必须跟学校申请一份最新的成绩单，因为你原来寄出去的材料里面还没有你这个学年的成绩。一旦收到你的学期成绩，就要当补充材料寄给所有你

美国 The Loomis Chaffee School 的校园像梦中的庄园

申请的学校。

2月

1 月和 2 月是学校面谈的第二波旺季。如果你还没有去参访过你所申请的学校的话，这个时候还有一个重要的机会可以亲自到美国去面谈，同时参观你所申请的学校，那就是中国春节假期。利用春节长假到美国去可以不影响国内学校的学业，而且美国学校这个时候没有假期，所以你可以看到他们上课的情况，同时可以和招生老师现场面谈。

如果你没有打算去美国参访和面谈的话，通过电脑视频面谈通常也会在这个月，这应该算是申请过程的最后一关了。

在你 12 月或 1 月寄出所有的申请材料后，如果还有任何需要更新的资料，如完成重要的课外活动或是参赛得奖等，都可以在这个时候当作补充材料邮寄给学校。

3月

这是非常关键的一个月。大部分学校在 3 月 10 日会发出录取通知，有的学校做好决定以后就会陆续在 3 月初开始发通知。现在大部分学校都选择用 Email 电子邮件通知了，所以录取结果在 3 月 10 号前后都会渐渐揭晓。有的同学可能收到几份入学通知，有的同学可能收到拒绝通知，有的则是候补。不管是什么结果，家长都要沉着应对。同时被几个学校录取的同学相信在申请时心中已经有了排位，应该不难作出对自己最好的决定。如果从来没有亲自去参观过学校，可以此时到学校亲自看看再做决定，一般学校需要你在一个月之内确定是否接受学校的录取。有的学校知道学生可能会犹豫不决，还会特别在这段期间开放所谓的 Revisit Day，就是让已经来参观过的学生借此机会坚定一下要来学校的决心。家长和同学一起到学校更深入地了解之后，同学可以选择自己想要体验的课程进到教室里面和其他同学一起上课，参观宿舍和在学校的食堂用餐，让学生和家长对接下来四年在这里生活的决心更加坚定。一旦选定想去的学校，最好尽快给学校回复确认，仔细阅读并签好学校寄来的文件，付清学校要求的订金，或学校要求的任何补交材料，这样学校才会把 I-20 及签证文件等邮寄给你。如果你打算拒绝学校的录取，也要尽早让校方知道，这样他们可以通知候补名单上的同学。被候补的同学更要注意，你在候补名单里并不代表你被录取的几率高低，也没有人可以告诉你有没有可能被录取，因为每个学校都会发出比实际招生人数更多的录取通知，就算不是所有的同学都决定入学，也不一定用得到候补名单的申请者。但是你也不要泄气，这个时候你能做的努力，就是整理一下从递交申请后到现在所有的进步，新收到提高了的托福、SSAT 成绩也好，如新得到的奖项、表扬也好，把你这几个月的进步简单地做一个报告寄给候补你的学校。如果你可以书面承诺，一旦学校录取你的话你一定会去，表明你对这个学校的绝对兴趣和决心，那么一旦他们决定从候补名单里面通知的话，你的机会将会有明显地提升。

4 月

一旦学校定下来以后，你的工作还没有结束。学校接下来会寄给你一套入学手续资料（enrollment package），里面要求同学准备健康声明表、疫苗记录证明、家长的财力证明、入学协议等等。

这个时候，如果你的学校还没有定下来的话，也不要绝望，无论学校的录取情况如何，到了 4 月份可能还有些变动，这个时候请继续和你最想去的学校保持联系，但是千万不要自己天天打电话或邮件，或是找住在附近的亲友天天去学校问询，这样会让人产生反感。你必须写一个诚恳的邮件让招生老师知道你还对他们学校的候补名额有兴趣，对你的学术活动等情况做一下更新，如果真的很想去这个学校的话，就在邮件上承诺如果有幸被录取的话你一定会去的决心。

5 月

这个时候家长可以开始准备签证所需要的材料，美国和加拿大学生签证的准备过程和申请方法在之前的章节有详细的介绍。美国学生签证在开学前 120 之内可以预约，加拿大因为一般不需要面谈，书面申请的签证申请时间较长，建议最好在开学三个月之前递交申请。

这段时间如果你国内学校的课业不是太重的话，可以开始在英语阅读和写作方面加强练习，如果有足够基础的话，通过专业老师的协助指导，很多练习可以自己在家里完成。

6~7 月

放暑假了！很多美加的夏校在 6 月底 7 月初开学，如果你有报名夏校或是夏令营的话，这时可以按照进度去参加。在学校给你的入学文件里面，可能也包括了给你的暑假阅读作业。和中国的学校相比，美加学校对阅读能力非常重视，一般学校虽然没有暑假作业，可是会建议同学们阅读一些指定的书籍，大部分是文学类小说。在暑假期间无论你是旅游、进修，或是在家准备出发，一定要每天预定一些时间完成阅读清单里面的任务。开学以后学校虽然不会马上做测试，但很有可能在课堂上老师会让学生发表读后感，有充分准备的学生在学习上会进步更快。

加拿大 Shawnigan Lake School 绿意盎然的校园

8 月

行前准备方面，家长和同学可以开始准备打算带到学校的物品，确定学校的行李要求，如果对服装有要求的学校，就必须根据学校要求准备几套符合规定的服装。日常用品方面可以根据个人需要酌量准备，有很多个人用品其实到学校附近购买反而比较方便，尽量不要带太多吃的东西，尤其是肉类，美国海关是不允许携带肉类入关的。

有的学校对于新生有提前一周或是几天到达的要求，学校会安排对新生的特别介绍活动（Orientation），在老生还没有回到学校之前，新同学之间可先互相认识。介绍学校老师和工作人员、规章制度和校园习俗，同时熟悉学校的地理环境和设备，在开学后才不会措手不及。

如果按照以上的时间表，你就可以一步一步顺利地完成你的留学计划，并开始你的留学生活了！

入学准备

阅读清单

以下是美加中学学校建议的阅读清单，家长可以根据孩子年级及程度，在网上订购程度相当的书籍让孩子建立阅读的习惯。

7~8 年级

- Pieces of Georgia/Jennifer Bryant
- Code Orange/Caroline B. Cooney
- Crackback/John Coy
- Epic/Conor Kostick
- Skulduggery Pleasant / Scepter of the Ancients/Derek Landy
- Jeremy Fink and the Meaning of Life/Wendy Mass
- Life as We Knew It/Susan Beth Pfeffer
- Eyes of the Emperor/Graham Salisbury
- Drms, Girls & Dangerous Pie/Jordan Sonnenblick
- Accidental Love/Gary Soto

9 年级

- All Quiet on the Western Front / Remarque
- Black Like Me / Griffin
- Bury My Heart At Wounded Knee / Brown
- Good Earth, The / Pearl Buck
- Great Expectations / Charles Dickens
- Great Tales and Poems of Edgar Allen Poe / Edgar Allen Poe
- The Heart is a Lonely Hunter / Carson McCullers
- Hound of the Baskervilles / Arthur Conan Doyle
- I Know Why the Caged Bird Sings / Maya Angelou
- Iliad / Homer
- Jane Eyre / Charlotte Bronte
- The Little Prince / Saint Exupery
- Lord of the Flies / Golding
- Nine Stories / J.D. Salinger
- Odyssey / Homer
- The Old Man and the Sea / Ernest Hemingway
- A Separate Peace / Knowles
- Slaughterhouse Five / Kurt Vonnegut
- To Kill A Mockingbird / Harper Lee
- The Yearling / Rawlings

10 年级

- Adventures of Huckleberry Finn / Mark Twain
- Autobiography / Benjamin Franklin
- The Crucible / Arthur Miller
- Death of a Salesman / Arthur Miller

- For Whom The Bell Tolls / Ernest Hemingway
- Grapes of Wrath / John Steinbeck
- The Great Gatsby / F. Scott Fitzgerald
- Moby Dick / Herman Melville
- My Antonia / Willa Cather
- Narrative of the Life of Frederick Douglass / Frederick Douglass
- Of Mice and Men / John Steinbeck
- Our Town / Thornton Wilder
- The Red Badge of Courage / Stephen Crane
- The Scarlet Letter / Nathaniel Hawthorne
- To Kill a Mockingbird / Harper Lee
- Walden / Henry David Thoreau

11 年级

- Animal Farm / George Orwell
- Brave New World / Aldous Huxley
- Canterbury Tales / Geoffrey Chaucer
- Gulliver's Travels / Jonathan Swift
- Heart of Darkness / Joseph Conrad
- Jane Eyre / Charlotte Bronte
- Lord Jim / Joseph Conrad
- 1984 / George Orwell
- Pride and Prejudice / Jane Austen
- Return of the Native / Thomas Hardy
- Saint Joan / George Bernard Shaw
- Silas Marner / George Eliot
- Tale of Two Cities / Charles Dickens

- Turn of the Screw / Henry James
- Wuthering Heights / Elizabeth Bronte

12 年级

- Aeneid, The / Vergil
- Anna Karenina / Leo Tolstoy
- Chekhov: The Major Plays / Anton Chekhov
- Candide / Voltaire
- Crime and Punishment / Fyodor Dostoyevsky
- Cry, the Beloved Country / Paton
- Cyrano de Bergerac / Rostand
- A Doll's House / Henrik Ibsen
- Don Quixote / Cervantes
- Ghandi: His Life and Message to the World / Fischer
- Madame Bovary / Gustave Flaubert
- Oedipus / Sophocles
- One Day in the Life of Ivan Denisovich / Solzhenitsyn
- Plato's Dialogues / Plato
- Stranger / Albert Camus

保险

对国际学生而言，所有美加学校的留学生医疗保险是强制性的，没有这项保险，不能注册入学。美加的医疗诊治费用非常昂贵，如果没有保险的话，一旦生病或是发生任何意外，看病的费用将非常昂贵。如果有保险，大部分的花费都会由保险公司支付，个人只需支付挂号费等基本费用就可以了。

购买医疗保险对于留学生来说是很重要的，一般来说，学校提供的保险都包含所有必要的投保项目，保费也比市场价格低，但有一些医疗上的限制以及一定程度的不便。学生也可以自己选择医疗健康保险公司购买保险，只要你提出已购买保险的证明，一般学校都会接受。美加的医疗保险种类很多，保险费也不同，不同学校给学生提供的保险类型会有不同，费用也有差异，医疗保险费用通常每年 500~1,000 美金或加币。为了自身的保障，同学应该充分了解学校保险的限制、弹性，以及保费与保障福利的平衡等。

当学生身份或签证改变而不符合参加保险资格时，受保人有责任主动通知保险公司办理退保及退回未使用之保费。

服装要求

美国和加拿大公立中学都没有制服要求，私立学校在服装方面的要求是由学校自己规定的，每个学校有权利决定自己学校的学生是否要穿制服，或是在着装上面是否有具体要求。

美国 The Hotchkiss School 的校园导游是 10 年级男生，学校的着装要求严格。

加拿大私立学校有严格的制服要求

美国寄宿中学大部分没有所谓的制服，除了校队或是体育竞赛的统一着装，有的学校会规定高年级男孩在上课时间必须穿着衬衫并且打领带，穿西裤或卡其裤、皮鞋。女孩子一定要穿过膝裙子、衬衫、长袜、皮鞋，冬天冷的话可以加一件羊毛衫，外面加上西装外套。有的西装外套还有规定要钉上校徽，或是规定在学校商店里面购买。

也有的寄宿中学对着装没有具体要求，只要穿着不过分邋遢、裸露或夸张，学校也不会有什么意见。

美国私立走读中学就比较不同，很多学校都有规定的制服，学生在学校校园或是学校活动都必须穿着校服，有的学校的校服还会根据场合有不同要求，如一般上课、学校活动、晚餐等要求穿着不同的制服。

加拿大的所有私立中学，无论是寄宿和走读，都有学校自己规定的制服。这可能跟受到英国文化影响较深的关系，加拿大的制服和英国学校的制服比较像，如苏格兰裙、衬衫、西服外套等等。

学校有无服装要求，在办理入学手续的时候，要仔细阅读学校所寄来的入学须知，通常可以在国内准备好要求的装束。学生在美加节假日或是学校大型活动的重要场合都会需要穿正装，建议家长给孩子准备好一套，以备不时之需。

入学之后

美加高中课程

一般高中课程不分专业，学生除了学习必修课程之外，还有很多选修课程需要学习，学生必须修满一定学分才能够毕业。美加高中课程分成必修和选修两个大类。

（一）必修课

（1）科学。通常在毕业之前要有三年的科学课程，大部分学校都有提供生物、化学和物理。

（2）数学。通常高中四年都应该要修数学，一般包括代数、几何、初级微积分、统计或微积分。

（3）英语。通常有四年的必修，包括文学、写作、人文和口语等。

（4）社会科学。通常有三年必修要求，包括历史、地理、政府结构、经济等。

（5）美加也有些州或省份要求修一门健康类必修课程，包括人体营养、急救、性知识、毒品认知和生育控制。

（二）选修课

比较常见的选修课程有：

（1）计算机。编程、绘图设计等。

加拿大 Bishop's College 戏剧课堂

（2）体育项目。长跑、足球、棒球、田径、游泳、网球、体操、水上马球、垒球、摔跤、啦啦队、排球、板球、冰上曲棍球、草地曲棍球、划船、拳击、滑雪、高尔夫、登山自行车等。

（3）职业和科技教育。农业 / 农业科学、商科 / 市场、家庭和消费科学、健康职业教育、科技教育（包括校刊、学校每年的纪念册、文学类杂志等的出版工作）。

（4）表演艺术 / 视觉艺术。合唱团、乐团、交响乐团、戏剧、艺术、陶艺、摄影、舞蹈等等。

（5）外语。学生可以根据自己兴趣选择自己母语外的语言学习。在美国最受欢迎的外语是西班牙语，在加拿大则是法语（在法语区就是英语），其他很多学校也提供不同的外语供学生选择，包括中文、日语、古希腊语、阿拉伯语、意大利语、拉丁语、德语等。

（三）分数计算

北美中学一般的记分标准为百分比制，根据成绩最后的百分比，可以换算成 A，B，C，D 等级：

分数换算表

A			B			C			D			F,E,I,N,orU
+		−	+		−	+		−	+		−	
100-97	96-93	92-90	89-87	86-83	82-80	79-77	76-73	72-70	69-67	66-63	62-60	Below 60 Percent

而 GPA 也可以根据这些分数换算出来：A-4.0，B-3.0，C-2.0，D-1.0，F 以下则为 0。

课外活动选择

美加中学根据学校大小和设施，每个学校都有多种不同的社团活动供学生选择，比较受欢迎的课外活动包括：艺术、科学实验、演讲、辩论、各类语言文学、计算机、国际议题论坛、模拟联合国、环保、编织、集邮、机器人、广播、刊物（一个学校可以有好几个校刊）、现代电影、经典电影、动画、动漫、国际关系、钓鱼、读书会、抗癌论坛、保龄球、冥想、瑜伽、爵士、宗教类论坛、舞蹈、天文星相、人类学论坛、西洋棋、哲学、武术、击剑、戏剧表演、野外求生、摄影、政党、各类运动、健康论坛、股市论坛、经济论坛、诗词研究、建筑、时尚、马术、农业、华艺、园艺、街舞、学生会、儿童福利、老人关怀等等，有的学校多到上百种选择。

可以同时参加几个社团，不喜欢也可以退社，甚至可以自己组建自己的社团，来锻炼自己的组织和领导能力。有的社团可能因为参加人数太少或是经营不善而倒闭，所以很多学校大大小小的社团活动可能列出来很多，但是经营状况就很难说了。

课外活动的选择除了让你在繁忙的课业之间探索不同的兴趣爱好，有机会接触平常不同年级或不同班级的同学之外，你还可以在社团里担任不同的职位来体会合适自己的角色，作为未来专业或职业发展方向的参考。社团活动的表

美国 The Loomis Chaffee School 艺术课

美国 The Loomis Chaffee School 陶艺课

加拿大 Shawnigan Lake School 学生的木工作品

现也是大学申请的一个重要因素，在课外活动里的体会、成长和成就，都有可能是接下来大学考虑录取你的条件之一。

善用美加中学的假期

每年北美的寄宿中学在几个比较大的美国假期都会关闭，春假、复活节、暑假、感恩节、圣诞节、新年等。美国的圣诞节是一年中最重要的假日，相当于中国的春节。大部分中学在 12 月中就纷纷地开始放假，寄宿中学的宿舍也会关闭，所有的住宿生都必须离校。除了少数在美国当地有亲戚的学生之外，大部分国际学生会选择回国与亲人团聚。有的家长还会特别请家教或是提前帮孩子报好培训班，加强平时在校时相对较弱的功课。有的同学也会因为平常学习压力太大，趁着放假与家人一起旅游放松心情，或是趁着长假去做义工、打工或是社会活动等。

建议学生和家长要好好利用这些大大小小的假期，做一些对自身成长、学习或日后申请大学有利的活动。

大部分学生选择美国寄宿中学的目标是要上美国的顶尖大学。而在之前我也多次提到美国名牌大学招收学生的标准，除了优秀的学术成绩（比如托福、SAT、优秀的平时成绩），还要求学生有优秀的才艺、丰富的社会活动经验和强烈的社会责任感（比如关注环保、关心弱势群体并为社会做力所能及的贡献）。以上这些，需要我们的学生一旦入读寄宿中学以后就要时刻铭记并且为之做出努力。而如何善用学校的各类假期去做一些事情，也成为学生们的重要功课。

中国的学生和家长通常都不会疏忽学习上的进步，因此大部分学生假期回国会选择各类的托福或 SAT 培训班，这点是值得肯定的，而仅有这点也是不够的。有的美国学校会利用两三周的长假，安排学生到第三世界国家或是灾区去帮忙建房子，探访艾滋病童，到贫困地区的学校做支教，这些就是所谓社会责任感的体现。我有个学生，在 10 年级的暑假去南极考察气候变暖对企鹅的影响，11 年级的暑假又跟父母一起去南非的孤儿院照顾孤儿。这样的经历会给这些习惯生活在优越环境里的孩子一个开阔视野认识社会和感激父母的机会，也让学生利用这些难得的机会思考自己人生方向，这些都是书本里体会不到的，而这些经历也是美国的名牌大学希望看到的。

另外，体育和艺术方面的爱好也是非常值得发扬的。如果你是一个有艺术天赋的学生，不妨多找些机会趁着学校假期去参加一些全美或国际上的艺术活动，当然，去世界各地的艺术之都游览，受一些艺术的熏陶也是不可缺少的。而如果你是体育运动的爱好者，也可以趁假期多参加一些有意义的体育运动，

加拿大女校 Branksome Hall School 给学生提供各种探索世界的机会

我们曾经在美国春假期间组织在美国读书的同学去世界著名的瑞士雪山滑雪场接受一位奥运滑雪冠军的培训，喜欢滑雪的学生不仅可以得到奥运冠军的亲自指导，还可以与他亲密交流，聆听他学习、跌倒、爬起、不断练习直到达到世界第一的心路历程。当然，如果这个金牌老师对你的表现够肯定，说不定可以请他来帮你的大学申请写推荐信！

记得在你经历这些有意义的事情的同时，这些记录或许在你申请美国大学时会助你一臂之力，但更重要的是这些经历在你的成长历程中留下了多彩的一笔。

为进入一流大学作准备

提早进入优秀的美加中学就读，目的之一是为孩子创造一条进入美国一流大学的捷径。除此之外，孩子在寄宿中学生活中的收获和所吸取的人生经验也是很重要的财富。如何在短短的四年美加高中生活中做好进入一流大学的最充足的准备呢？这里我们以同学们的下一段进入一流大学目标作为高中时期努力的方向的话，就可以更清楚地知道该怎么完成有意义的高中生活了！

美国顶尖大学的入学条件基本上可以概况为以下几点：

1. 高中成绩——GPA

在中国，很多学生不注重平常成绩，因为升大学的关键在高三结束后的唯一一次考试——高考。但是申请美国加拿大的名牌大学都不是考一次考试可以决定的。申请大学的最重要因素之一，就是你高中四年的成绩，这个成绩的组成除了平常的大考小考之外，还有你的作业、报告、学习态度、课堂参与、出勤状况等等，在期末得到的分数。一般 GPA 的计算方式是 A=4.0，B=3.0，C=2.0，D=1.0，F=0. 如果加入 AP 的 5.0 分计算平均成绩的话，很多名牌大学的平均录取率都是在 4.25-4.50 左右，也就是说你的高中成绩单里面必须每科都拿到 A。

2. SAT 成绩

美国大部分竞争力较强的大学都会要求 SAT-I 的成绩，也有少数大学或特别专业会要求考 SAT-II，如果你的目标比较高，又想申请奖学金的话，最好 SAT-I 和 II 都考。

3. 托福

每个大学对托福的要求不同，有的大学要求英语是非母语的学生都必须考托福，有的大学对就读美国高中超过三年以上的国际学生可以免考托福。

4. 校内以及校外活动表现

基于以上几点，对于想送孩子入读美加中学的家长来说，选择一个“最好”的中学通常是很重要的。但请家长理解，“最好”并不等于“排名最高”、“名声最大”、“最难申请”这些字眼。我建议家长要考虑到，对于您的孩子而言，“最适合”其实才是“最好”。不要忘了送孩子出去读中学的下一个目标就是美国一流大学。那什么样的中学才更有利于您的孩子申请大学？无疑要找到最适合你孩子潜能发挥的学校，培养他们发挥潜力，建立自信，健康快乐成长的

美国 St.Paul's School 圆桌式课堂

地方。

首先你的孩子的学术能力，是否能够在一个竞争激烈的环境中每一门都拿到最佳成绩并名列前茅？除了学习之外，孩子的活动能力、社交能力和领导才能，是否能在一个竞争激烈的环境下表现出来？美国大学招收新生时，并没有对于特定的中学有所偏好。也就是说，在美国大学眼里，在美国没有所谓的直升学校，不管你从哪一所高中毕业，如果你的成绩全A，表现优秀，并在中学期间有足够的机会表现自己的领导能力，那你就是美国顶尖大学要找的人才。当然有些高中的毕业生入读名牌大学比例较高，但这些高中本身的入学条件就很高，同时还有很多Legacy的孩子（校友子女），很多美加的家族定期给自己母校（包括高中和大学）捐款，自然这些学校会特别照顾这些有贡献的家族子女，这些美加名望家族的升学率当然不能和一般同学比较。

很多家长以“英语程度”来作为孩子进入美国中学最大的筹码。因为孩子的英语好，断定这个孩子肯定能在美国学校里出人头地。事实上，到了美国以后，英语只是一个基本交流工具，怎么利用这个工具发挥自己的潜能，学习到真正的能力，才是最重要的。就像所有在中国生长的中国人都会说流利的中文，但是不代表每个人的语文成绩都很好，会中文的人都可以写出好的作文，也不代表他们用中文学习历史、社会学、生物、化学、数学等科目，都可以得到很好的成绩。

还有很多家长觉得自己孩子的英语好，是因为他们到国外可以跟老外交流，问路、在快餐店里自己订餐，还有就是老外朋友称赞自己的小孩英文好。这种情况我也看到很多，不知道你有没有这样的体会，老外在中国只要说出一句“你好吗”，中国朋友就会热情地竖起大拇指说：你的中文非常好！以此类推，当别人称赞你孩子英文好的时候，有时候当然是真心的赞美，但有的时候他们间接称赞的是您的身份地位，或者只是基本礼貌而已。

一旦进入美国中学以后，很多中国学生觉得学习上比在国内轻松了很多，反而松懈下来。你要明白的是，你必须充分有效地利用这些时间来做好上大学的准备。以下几点是学生必须提早关注的：

1. 学术成绩一定要尽力保持最佳状态

高中的平时分数是申请大学时的第一要素，包括所有的学科成绩、SAT、托福成绩等等。如果有机会可以选择一些自己比较擅长科目的 AP 课程，但没有把握的话也不要随便尝试。

2. 有技巧地选择课外活动

这些活动是否可以展现你在学术成绩以外的长处？对社会或是个人是否有贡献？课外活动是不是越多越好？你选择这些活动的意义是什么？这些活动和你所想选的大学专业有没有关系？如果你以后想申请医学院或是科学专业，去金融机构实习就没有什么直接的帮助。

3. 尽量表现自己的才华，争取所有参赛机会

任何的比赛和奖项对于大学申请来说都有相对的帮助，无论是校际、州际，甚至国际性的比赛，都要尽量争取机会参加。有的同学告诉我，学校没有安排我去参加任何比赛。事实上，学校没有义务顾及每个学生的“竞赛经验”，参

美国走读中学 Springside Chestnut Hill Academy 学生设计的“可投篮的机器人”

赛机会必须靠自己去争取，比如说你的游泳特别厉害，但是你们学校没有游泳队也没有游泳池，那你必须利用自己的周末或休息时间练习，自己上网找出当地比赛的机会，如果需要，要求学校帮你请私人教练，一般教练会有竞赛的信息，并且知道你在哪些项目比较有可能胜出。

我建议所有的同学，不管你现在是几年级，都应该开始熟悉大学的申请要求，因为这些要求都是要从 9 年级开始准备的，很多同学到了十一二年级来找我咨询申请大学的时候，还不知道到底该做什么准备，如果你仔细看过以下表格，接下来的几年你的目标将会更加明确。

美国大学的 common application form（通用申请表）的基础表格共有五页，表格里除了所有你个人信息，包括父母、兄弟姐妹的信息之外，还有你的学习历史、学习成就等等。其中第四页就要求你列出你上高中这四年来的学术成就（academic distinctions or honors），也就是你从 9 年级以后参加学科类竞赛的得奖纪录，在列出清单的同时，你还必须注明这些奖项的级别是校际——S（School），州际或地区性——S/R（State or Regional），国内——N（National），还是国际——I（International）的。有些同学到了毕业那年才发现自己一个都填不出来，因为这几年忙着适应环境、交朋友、打线上游戏等。如果你在进入高中之前就订好自己的目标是顶尖大学，那你更应该早知道这些内容，并好好在这些方面努力。

光是 extracurricular activities & work experience（课外活动和工作经历）这一项，就有 10 个空位需要你填写，其中必须详细到参加年级、参与时间长短（每周几小时 / 每年几周）、参与时段（学年中 / 暑期 / 其他假期）、你的职位 / 荣誉等级 / 证书 / 雇主、这项活动你是否打算在大学继续参与等。

4. 跟校长、老师和同学保持良好互动

这些人以后都有可能会帮你写升学甚至入职的推荐信！在申请大学的时候，老师的推荐信在申请材料里占了很大的比重。美国中学老师在帮你写大学申请推荐信的时候都很用心，他们会很诚恳地写下和你接触几年来真实的想法，而且这些推荐信的内容会直接邮寄或电邮给大学，所以你千万不要以为到了12年级才开始在老师面前表现还来得及！

在美国大学的通用申请表中，给你写推荐信的老师要回答一些基本问题，如认识你多久，什么场合认识你之外，还要用一个字来描述对你的印象！并根据以下项目给你评分：

学业成就（Academic achievement）

聪明程度（Intellectual promise）

写作素质（Quality of writing）

创意能力（Creative, original thought）

课间讨论的参与（Productive class discussion）

师长的尊重（Respect accorded by faculty）

工作习惯和纪律（Disciplined work habits）

成熟度（Maturity）

动力（Motivation）

领导能力（Leadership）

诚信（Integrity）

应付挫折的能力（Reaction to setbacks）

对其他人的关心程度（Concern for others）

自信（Self-confidence）

独立性，主动性（Initiative, independence）

总体评价（OVERALL）

每一项表现的评价必须在以下尺度标准里选择其一：

A——One of the top few I've encountered（top 1%）（我一生中少见的奇才）

B——Outstanding（top 5%）（非常出色）

C——Excellent（top 10%）（非常优秀）

D——Very good（well above average）（比大部分的学生好很多）

The Loomis Chaffee School 校长 Sheila Culbert 接受 Lucy 采访

E——Good（above average）（比大部分学生好一些）

F——Average（一般）

G——Below average（比平均差）

在所有老师觉得适合的栏目做上记号后，接下来才是真正开始推荐信的部分，老师在没有限制字数的空间里可以自由发挥，也就是说，他可以说对你毫无印象，没有什么可以推荐的，（因为这封信你永远都看不到！）当然他也可以流利地写下他对你多年来赞不绝口的故事和你如何优秀的例子。

所以你可以看到你在中学时代每一天的表现有多重要，这些表现是从你进学校的第一天就开始累计的，而你到需要写推荐信的时候才开始跟老师套近乎是没有用的，因为老师可以畅所欲言地写出对你的真实看法，直接发送给你想申请的大学！

（美国大学通用申请表）

THE COMMON APPLICATION
For Undergraduate College Admission

2012-13 FIRST-YEAR APPLICATION

For Spring 2013 or Fall 2013 Enrollment

APPLICANT

Legal Name ______
*Last/Family/Sur (Enter name **exactly** as it appears on official documents.)* *First/Given* *Middle (complete)* *Jr., etc.*

Preferred name, if not first name (only one) ______ Former last name(s) ______

Birth Date ______ *mm/dd/yyyy* ○ Female ○ Male

US Social Security Number, if any ______
Required for US Citizens and Permanent Residents applying for financial aid via FAFSA

Preferred Telephone ○ Home ○ Cell Home (____) ______ *Area/Country/City Code* Cell (____) ______ *Area/Country/City Code*

E-mail Address ______ IM Address ______

Permanent home address ______
Number & Street *Apartment #*

______
City/Town *County or Parish* *State/Province* *Country* *ZIP/Postal Code*

If different from above, please give your current mailing address for all admission correspondence. (from ______ to ______)
(mm/dd/yyyy) *(mm/dd/yyyy)*

Current mailing address ______
Number & Street *Apartment #*

______
City/Town *County or Parish* *State/Province* *Country* *ZIP/Postal Code*

If your current mailing address is a boarding school, include name of school here: ______

FUTURE PLANS

Your answers to these questions will vary for different colleges. If the online system did not ask you to answer some of the questions you see in this section, this college chose not to ask that question of its applicants.

College ______ Deadline ______ *mm/dd/yyyy*

Entry Term: ○ Fall (Jul-Dec) ○ Spring (Jan-Jun)

Decision Plan ______

Academic Interests ______

Career Interest ______

Do you intend to apply for need-based financial aid? ○ Yes ○ No

Do you intend to apply for merit-based scholarships? ○ Yes ○ No

Do you intend to be a full-time student? ○ Yes ○ No

Do you intend to enroll in a degree program your first year? ○ Yes ○ No

Do you intend to live in college housing? ______

What is the highest degree you intend to earn? ______

DEMOGRAPHICS

Citizenship Status ______

Non-US Citizenship(s) ______

Birthplace ______
City/Town *State/Province* *Country*

Years lived in the US? ______ Years lived outside the US? ______

Language Proficiency (Check all that apply.)
S(Speak) R(Read) W(Write) F(First Language) H(Spoken at Home)

Language	S	R	W	F	H
______	○	○	○	○	○
______	○	○	○	○	○
______	○	○	○	○	○

Optional The items with a gray background are optional. No information you provide will be used in a discriminatory manner.

Religious Preference ______

US Armed Services veteran status ______

1. Are you Hispanic/Latino?
○ Yes, Hispanic or Latino (including Spain) ○ No If yes, please describe your background.
______

2. Regardless of your answer to the prior question, please indicate how you identify yourself. (Check one or more and describe your background.)

○ American Indian or Alaska Native (including all Original Peoples of the Americas)
Are you Enrolled? ○ Yes ○ No If yes, please enter Tribal Enrollment Number ______

○ Asian (including Indian subcontinent and Philippines) ______

○ Black or African American (including Africa and Caribbean) ______

○ Native Hawaiian or Other Pacific Islander (Original Peoples) ______

○ White (including Middle Eastern) ______

AP-1/**2012-13**

EDUCATION

Secondary Schools

Most recent secondary school attended ______

Entry Date ______ (mm/yyyy) Graduation Date ______ (mm/dd/yyyy) School Type: ○ Public ○ Charter ○ Independent ○ Religious ○ Home School

Address ______ (Number & Street) CEEB/ACT Code ______

______ City/Town State/Province Country ZIP/Postal Code

Counselor's Name ______ Counselor's Title ______

E-mail ______ Telephone (______) ______ ______ (Area/Country/City Code, Number, Ext.) Fax (______) ______ (Area/Country/City Code, Number)

List all other secondary schools you have attended since 9th grade, including academic summer schools or enrichment programs hosted on a secondary school campus:

School Name & CEEB/ACT Code	Location (City, State/Province, ZIP/Postal Code, Country)	Dates Attended (mm/yyyy)

Please list any community program/organization that has provided free assistance with your application process: ______

If your education was or will be interrupted, please indicate so here and provide details in the Additional Information section: ______

Colleges & Universities List all college/university affiliated courses you have taken since 9th grade and mark all that apply: taught on college campus (CO); taught on high school campus, excluding AP/IB (HS); taught online (ON); college credit awarded (CR); transcript available (TR); degree candidate (DC).

College/University Name & CEEB/ACT Code	Location (City, State/Province, ZIP/Postal Code, Country)	CO	HS	ON	CR	TR	DC	Dates Attended mm/yyyy – mm/yyyy	Degree Earned
		○	○	○	○	○	○		
		○	○	○	○	○	○		
		○	○	○	○	○	○		

If you indicated that a transcript is available, please have an official copy sent to your colleges as soon as possible.

ACADEMICS

The self-reported information in this section is not intended to take the place of your official records. Please note the requirements of each institution to which you are applying and arrange for official transcripts and score reports to be sent from your secondary school and the appropriate testing agencies. Where "Best Scores" are requested, please report the highest individual scores you have earned so far, even if those scores are from different test dates.

Grades Class Rank ______ (if available) Class Size ______ Weighted? ○ Yes ○ No GPA ______ (if available) Scale ______ Weighted? ○ Yes ○ No

ACT Exam Dates: (past & future) ______ mm/yyyy ______ mm/yyyy ______ mm/yyyy Best Scores: (so far) ______ COMP ______ mm/yyyy ______ English ______ mm/yyyy ______ Math ______ mm/yyyy ______ Reading ______ mm/yyyy ______ Science ______ mm/yyyy ______ Writing ______ mm/yyyy

SAT Exam Dates: (past & future) ______ mm/dd/yyyy ______ mm/dd/yyyy ______ mm/dd/yyyy Best Scores: (so far) ______ Critical Reading ______ mm/dd/yyyy ______ Math ______ mm/dd/yyyy ______ Writing ______ mm/dd/yyyy

TOEFL/ IELTS Exam Dates: (past & future) ______ mm/yyyy ______ mm/yyyy ______ mm/yyyy Best Score: (so far) ______ Test ______ Score ______ mm/yyyy

AP/IB/SAT Subjects Best Scores: (per subject, so far)

mm/yyyy	Type & Subject	Score	mm/yyyy	Type & Subject	Score

Current Courses Please list all courses you are taking this year and indicate level (AP, IB, advanced, honors, etc.) and credit value. Indicate quarter classes taken in the same semester on the appropriate semester line.

Full Year/First Semester/First Trimester	Second Semester/Second Trimester	Third Trimester or additional first/second term courses if more space is needed

 AP-3/**2012-13**

美加国定假日

美国和加拿大有不同的假日，有的假期只放假一天，有的重要假日放假的时间较长，如果三天以上的假期，有的寄宿学校还会关闭，所有寄宿的同学必须住到寄宿家庭或亲戚朋友家。

（一）美国法定假日

1 月 1 日：新年

1 月 15 日：马丁·路德金的生日纪念日，最新的全国假日。

2 月中旬：总统日，以前称为“华盛顿总统生日纪念日”（2 月 22 日），但在与亚伯拉罕·林肯总统有关的州当中，他的生日（2 月 12 日）也被纪念。对于这个节日以前各州的规定不同，直到后来被规定为统一的全国假日，时间定在两个生日中间的一个星期一。

5 月的最后一个星期一：阵亡将士纪念日，一般定在 5 月 30 日，纪念战争中阵亡的将士，它也是传统节气中夏日的开始。

万圣节虽然不是法定假日，但非常受欢迎。

7 月 4 日：美国独立日，纪念 1776 年从英国殖民地统治下宣布独立。

9 月初的星期一：劳动节，也是传统节气上夏日的结束。

10 月的一个星期一：哥伦布日，最早是在 10 月 12 日，人们认为这一天是哥伦布发现美洲大陆的日子。

11 月 11 日：退伍军人节，最早称为停战纪念日，纪念第一次世界大战的休战。

11 月的最后一个星期四：感恩节，这一天家庭成员要在一起聚餐，主餐一般是一只烤火鸡，大家一起感谢上苍的保佑。这个传统来源于 1620 年移民马萨诸塞州的一批英国清教徒，据说他们当时与当地的印地安人一起聚餐。印地安人教会他们耕种的方法，使他们能够自己种植作物。

12 月 25 日：圣诞节

（二）加拿大法定假日

元旦（New Year's Day）：1 月 1 日。公众假期。这天加拿大大多数的商店都关门，像中国人过年，人们通宵开 party、看电视、喝啤酒，休息放松，迎接新的四季轮回。很多人在新年许愿，希望在新的开端有所改变。

耶稣受难日（Good Friday）。公众假期。复活节前（每年春分月圆之后的第一个星期日）的星期五。

维多利亚日（Victoria Day）：5 月 24 日。公众假期。是英国女王维多利亚的生日，但放假日期为 25 日前的第一个星期一，魁北克省是法语区，官方不进行公开庆祝活动。

加拿大日（Canada Day）：7 月 1 日。公众假期。各大中城市组织上街游行狂欢，晚上燃放焰火，最重要的活动地点当数首都渥太华。很多民间组织或个人自愿出资制造彩车，并举行各种表演式的游行。有时皇家卫队骑马开道，并常常有老兵着军装，佩戴勋章游行。人们纷纷涌向街头看热闹，当游行队伍经过时，群情激奋。有时国家首脑及省政府官员突然出现在人群中与街头百姓握手。在街道两旁，有人做杂耍等游戏，形式自由多样，热闹非凡。

劳动节（Labor Day）：9 月 1 日。 公众假期。放假日期为 9 月的第一个星期一。在多数加拿大人的概念中，此节日标志着夏天的结束。没有什么特殊的活动，但大家又可以过一个长周末。家长利用此时间为孩子准备新学期的开始，商店也利用此时促销文具。

感恩节（Thanksgiving Day）：10 月第二个星期一。公众假期。加拿大的感恩节和美国的感恩节不在同一天。在此日，每个人借此机会表示自己的感谢之心。大家感谢土地为他们带来的丰收，感谢上帝给他们的健康；孩子们感谢父母的关怀与照顾，学生们写卡片给老师感谢他们的教导，朋友们互相感谢帮助，还有许许多多的感谢。这一天人们下班后，晚间全家人欢聚一堂举行丰盛晚宴。南瓜饼是常见的感恩节食物，火鸡是感恩节的标志吉祥物。

停战纪念日（Remembrance Day）：11月11日。为纪念死于两次世界大战和朝鲜战争中的将士，但现在已变成纪念所有死于战争的人的纪念日。人们照常工作，在当天11:00全国默哀片刻。在此节日之前两周，就有热心人做准备，他们卖小红花给人佩戴，以纪念战争中牺牲的人们。卖的钱捐献给残疾的老兵，也有人为一些战争的受害者捐款。

圣诞节（Christmas Day）：12月25日。公众假期。其过法与别的国家无二。这个节日也是西方国家最大的节日。大多数家庭在客厅里摆放圣诞树，上面挂满了彩灯和装饰物。各家房前的树上也有五彩缤纷的灯装点，大街两旁闪烁一片。主餐必有烤火鸡。一只完整的火鸡有时需要烤六七个小时。圣诞老人（Santa Claus）经过烟囱钻入房内，给孩子们在靴子里放礼物（只是传说）。圣诞之夜（Christmas Eve）是人们沸腾的时刻，与中国的大年夜类似。

加拿大小朋友在练习圣诞节表演的节目

节礼日(Boxing Day):12月26日。过完圣诞的第二天,也就是12月26日(如遇星期天则顺延一天),大家余兴未消,又迎来了节礼日。本节日应该始于英国,传统上是向邮递员等送礼的日子。但现在大家已经不再给邮递员送礼了,而成了“大采购”的日子。圣诞后,各商家都纷纷降价或大甩卖,人们也就借此机会采买各种东西。采买活动大概会延续一周左右才降温。人们在圣诞前并不急需的东西,等到 Boxing Day 再买可以省下不少的开销。

转学

有些家长觉得如果没有直接申请成功理想的学校,考虑让孩子先申请一个比较容易进的学校,一年以后等准备更充分了再转学。这样的做法当然可行,但是你要考虑到几个方面。

如果你的目的地国家是美国,大部分你理想的学校截至日期在1月初,也就是说孩子到了美国一个新环境后,除了要忙着适应新环境、结交新朋友、认识新老师、拿到好成绩之外,他必须比其他同学额外付出精神来准备 SSAT 考试(或托福),和第一次申请一样,他必须写好申请作文,和准备好所有的申请资料,包括老师推荐信等等。这些资料当然不能跟你第一次申请一样,因为新的学校要看你这一年(其实只有半年)来的进步,如果没有任何的进步,你如何有资格申请更好的学校?最有挑战性的一点,是你必须让你的现任老师帮你写推荐信。这个老师其实认识你没有多久(你9月开学的,1月以前要让老师写推荐信了),这个时候,你要给本校老师一个为什么要转学的合理理由。难道要说,你们学校不够好?我的程度太高了?你们学校不适合我?在美国,老师的推荐信是直接寄给你申请的学校,新学校也可以随时给你原学校打电话求证所有推荐信的内容,所以你必须非常小心地处理与学校之间的关系。因为如果你转学不成功的话,你还是会留在原学校就读,你将会有一些复杂的人际关系要处理,因为同样的一个老师很有可能会帮你写大学申请的推荐信。

校规的力量

每年都有少数中国留学生被美加中学退学的案例。美加学校虽然个人的形象自由开放，但在学校里除了学生应该遵守学生手册上的校规之外，也有一些在美国生活的潜规则。如果你没有遵守，甚至被警告后再犯的话，很有可能学校就会发出退学的通知。

很多美加学校发现中国学生一个比较严重的问题——抄袭，这个问题除了在中学，就是去美国读大学的学生都常发生。在中国可能很多同学已经习惯了抄作业，到了美加还是保持原有的习惯。在国外，抄袭（Plagiarism）是一个很严重的罪行，在学校可以导致警告和退学，在社会上，抄袭还必须负法律责任。在学校做报告或作业时，引用别人的字句就必须清楚表示出原作的来源。有的学生甚至拿别人的作文来当作业交，这些都是可能引起重大后果的违规。在美加私立学校，除了抽烟、吸毒、贩毒、偷窃、作弊，不当的言语都有可能导致被退学。

美国 Phillips Exeter Acadeny 为学生提供 5 周的中国文化之旅

建议所有的同学在入学前仔细研读学生手册的规定细则，并且确实遵守校规。

国际交流项目

国际化是一个很多国家关心的议题，在美加有很多学校也建立国际化的合作或课程，以提供更多机会给同学开拓视野，学校的交流项目从两周到一学年的都有。很多中国同学每年寒暑假都是回到国内，反而错过了很多和其他国家的学生或老师交流的机会。

捐款

捐款对于美国私立学校文化是非常重要

的，世界知名的常青藤大学包括哈佛、耶鲁等，能够有今天的学术成就和对研究生经费的支持，不是靠学生的学费，而主要是靠校友、学校董事会、基金会和企业的捐款。

根据美国教育援助委员会的统计，以下是在2011年所获捐款排名前10的高校及当年收到的捐款数：

1. 斯坦福大学——70,900万美元
2. 哈佛大学——63,900万美元
3. 耶鲁大学——58,000万美元
4. 麻省理工学院——53,434万美元
5. 哥伦比亚大学——49,556万美元
6. 约翰·霍普金斯大学——48,541万美元
7. 宾夕法尼亚大学——43,772万美元
8. 加利福尼亚大学洛杉矶分校——41,503万美元
9. 加利福尼亚大学旧金山分校——40,945万美元
10. 南加利福尼亚大学——40,241亿美元

对于非盈利性质的私立寄宿学校，学生所交的学费事实上是不够支撑学校所有开销的，很多学校必须靠家长或校友捐助的资金来支持学校庞大的运作体系。历史越长的学校，成功的校友越多，学校的资产就越庞大。美国私立寄宿高中最富有的学校是：

1. 菲利普高中——资产97,000万美元
2. 菲利普·安多福高中——资产80,000万美元
3. 圣·保罗高中——资产44,000万美元
4. 迪尔·菲尔德高中——资产37,000万美元
5. 霍奇·基思高中——资产36,000万美元
6. 柯尔沃学院——资产31,000万美元
7. 劳伦斯·威尔高中——资产30,000万美元
8. 格·罗顿学校——资产29,000万美元

美国 The Taft School 校长 William MacMullen 与 Lucy 合影

9. 乔特罗·斯玛丽学校——资产 28,000 万美元

10. 佩迪学校——资产 27,000 万美元

一般学校的校长或董事每年都有散发募款信息的任务，或是国际募款的行程，他们到各个国家拜访现有的学生家长和校友，报告学校的现状，同时希望得到家长和校友们在能力范围里面的捐款。大部分学校的捐款系统比较完善，家长可以通过网上公布的捐款账户作出金钱上的贡献，有的家长会帮来访的校长或副校长的旅费买单，这也可以作为捐款的方式之一。有些家长第一次收到募款通知会很错愕，觉得不是已经缴足学费了吗，为什么还要捐款？当然学校的捐款是完全出于自愿的，但是在家长有余力的情况下，学校都希望能够有钱出钱有力出力，给孩子做贡献社会、回馈社会的榜样。

美加移民

美国移民

为吸引海外投资者来投资美国的建设和项目，并为美国创造就业机会，美国国会于1990年立法通过了“投资移民法案”,即第五类优先投资移民（EB-5）。它允许外国投资人、配偶及21岁以下的未婚子女通过投资规定数量以上的资金而获得美国永久居民签证（绿卡）。

据美国移民法有关条例，EB-5项目分为两类，即自行投资项目（一般式/传统式EB-5）和区域中心（Regional Center）投资项目（区域中心EB-5）。

EB-5的主要精神是：外国投资者只要在美国境内投资100万美元以上设立企业，并创造10个就业机会，就可获发二年期的有条件移民签证。若二年届满前90天，该项投资行为仍存在并运转正常，则投资者可申请将条件解除，从而获得正式的永久居留权。

（一）EB-5目前的政策

EB-5政策自1990年正式颁布以来，还没有很大的变动，该政策于2012年9月30日到期。鉴于美国目前经济复苏状态不明显，且近年来EB-5在吸引外资方面的巨大贡献，在经济全面恢复之前，美国移民局已决定将EB-5的投资移民政策延续3年。

- 美国移民局对 EB-5 区域中心审核更趋严格
- 重申禁止区域中心为客户提供任何担保条款
- 要求投资者能够 100% 地参与到投资中去，而不是把钱交给第三方管理

投资者投资的项目无法保障盈利。投资项目的好坏，不但决定了投资风险的大小，更直接影响未来全家永久绿卡的获得。

什么是区域中心（Regional Center）

1993 年，EB-5 投资移民法规中特别增设了 regional center，即："区域中心"试行方案，在原有的 1 万个配额里，拨出 3000 个配额给申请投资区域中心的外国移民申请人。与传统的投资移民相比，该方案为外国投资者提供了更多的优惠政策和方便，包括投资资金、就业人数、对投资者的要求等。外国投资者如在郊区及高失业率区投资创业，其投资金额只需达到 50 万美元。而所谓"郊区"，是指大都会或人口总数达两万人的城市以外的城市；所谓高失业率区，指失业率高于全国比率 1.5 倍的地方。施行细则并规定，即使在大都会或人口总数在两万名以上的城市，因某种地理或政治的特殊情况，也可符合高失业率区的条件。对于此类特殊地区，主要的优惠措施为：

- 投资者投资金额从 100 万美元减少至 50 万美元。
- "直接创造 10 个就业机会"放宽为"允许间接创造 10 个就业机会"。
- 投资者无需亲自参与企业管理，不用坐移民监。
- 对投资者无学历、语言、工作经验等要求。

因区域中心上述显而易见的优势与特点，方案成立至今，超过 95% 的投资移民是藉由区域中心的方案来完成的，区域中心的项目可以说是现在美国所有移民类别中申请核准时间最短、资格限制最少的一个途径。

（二）美国移民有什么好处

1. 无生育限制

任何在美出生的孩子均被视为美国公民，持有美国护照，享有美国公民的一切权益，包括为配偶、子女、父母办理美国移民等；

2. 学生学费

在18岁以下、上大学之前，美国公立中小学实行义务教育，完全免学费。上公立大学（含研究生、博士生）只需交本地居民的优惠学费；

3. 奖学金

持绿卡或美国公民能享有奖学金的范围远远超过一个外国人所能申请的。因为美国很多发放奖学金的机构限定奖学金只适用于“本国人”；

4. 学生贷款

18岁以上的绿卡持有者或美国公民可以在拿到绿卡的当年申请各种类型的学生贷款，毕业后就业前可以暂缓还贷，找到工作后分年还清。在美国，没有因经济困难而上不了学的人；

5. 直系亲属受益

凡绿卡持有者或美国公民与外籍人士结婚后，即可办理外籍配偶及配偶21岁以下未成年子女的移民申请；

6. 政府协助找工作

美国政府有专门机构免费为本国人找工作，同时，该部门还免费或优惠价格培训待业人员的基本技能（如电脑、英文等）以协助他们就业；

7. 就业自由

持有绿卡者在美国工作是不受限制的；

8. 退休福利

累计10年交税记录后，即可在退休后（通常为65岁）终身领取美国联邦政府发的退休金（每月\$1000～\$1200）。对很多移民来讲，领取退休金的年数比工作交税的年数更长；

9. 失业救济

申请人及配偶甚至孩子在转绿卡后没有工作时，政府免费给找工作。具有六个月的交税记录后，到美国当地有关部门报失业就可以领取政府救济金（额度从每月\$400～\$1200不等）；

10. 人寿与基金

绿卡持有者或美国公民可以享受一些在中国没有，只在美国有的人寿与基金挂钩的保险险种，使本人退休后能够有较多的收入；

11. 老年医疗保险

在美国医疗费用相当高，但任何“低收入”绿卡持有者或美国公民（无需交税记录）可在退休之后办理“医疗卡”；

12. 购房补贴

绿卡持有人在退休后即可申请购买低收入老年人公寓住房。可用大约市场价格的35%左右的款项购买由国家补贴的住房；

13. 政府补贴

绿卡持有者或美国公民在退休前没有累计10年的交税记录时，只要转成美国公民，退休后政府直接发放生活补贴（每月$600多）。

（三）移民后对于在美国上学有几个好处

（1）美国居民可以根据学区无条件地到公立学校入学，程序非常简单，不需要任何测试或面谈等程序；

（2）高中毕业后申请居住地的公立大学，在达到所有入学条件的情况下，和国际学生相比有优先权，而且学费非常优惠；

（3）在学期间可以合法在校内外打工并有合法收入；

（4）毕业后就业前景比国际学生好。

（四）美国投资移民的风险

（1）在美国投资和申请永久居留身份后，该投资者在世界上其他地方的收入也必须在美国纳税，高收入的人需要三思。

（2）投资人不能先申请移民签证而后投资，而是在确实进行了投资之后才能申请签证。即使移民局很快批准其投资移民的申请，只是一个有条件限制的临时绿卡。两年之后，移民局对其投资项目进行考查，合格者方能将临时绿卡转为永久绿卡，倘若投资人在这两年中投资失败，投资人不仅丧失了大笔资金，而且还可能丧失永久居留权身份。

加拿大移民

加拿大是世界上最欢迎移民的国家，联邦移民法于1986年创立，其基本原则是促进文化及社会的多元化；促进家庭团聚及刺激经济发展。移民法由联邦政府执行。根据移民法，加拿大的移民分为三大类：①家庭团聚类；②独立及商业移民类（经济类移民）；③难民及人道立场类移民。

按照家庭团聚类别，加拿大公民和永久居民可担保其海外直系亲属申请移民。有资格接受担保的亲属包括父母、配偶及未成年子女。

经济类移民泛指独立技术移民和商业移民（包括投资、企业及自雇移民）；其中独立及商业移民平均占每年移民总数的一半以上。独立技术移民是加拿大移民的最主要来源，也是最广泛吸纳专业人士的类别之一。加拿大移民局参照一定的指数评估申请人资格，达到要求者即可获准移民。

商业移民则是泛指具备一定资产，同时本人具有一定程度的工商企业经营或管理经验的申请人士。该类移民必须愿意将资金或技术投资于加拿大，以促进加拿大经济发展、增加就业机会及丰富文化生活。申请人一旦符合加拿大政府所制订的有关规定，便可获得移民签证。商业移民通常分为三大类：①投资移民；②企业家移民；③自雇移民。目前除了联邦投资移民外，各省都根据自己的经济特点制订了相应的移民计划，比较适合中国人申请的有魁北克、BC省、萨斯克彻温、曼尼托巴、爱德华王子岛等省提名商业移民。

（一）加拿大移民目前的政策

2012年是加拿大移民政策变化年，年初国会通过联邦移民局提案，取消了2008年2月之前递交审理的所有联邦技术移民申请，涉及约30万申请者，在全世界引起巨大反响，众多申请者、移民律师组织游行、上诉等，抗议此项决议。

2012年3月魁北克省移民局公布，在未来一年内，全球只接收2700个申请者！预计重新开放后，移民的要求将再次大幅提高，主要可能包括两个方面：①取消投资移民类别，全部变成企业家类别，要求创业；②大幅提高现有的资产要求和投资金额，至少会翻倍。

2012年6月联邦移民局公布：在下一个移民年内，不接受新的联邦投资移民和联邦技术移民申请。所有省提名投资移民客户，均需达到一定的语言要求。

（二）加拿大投资移民

加拿大投资移民计划始于1986年，其目标是希望外来投资者将资金投入加拿大中小型企业，以促进经济繁荣。除了传统的联邦投资移民、魁北克省投资移民外，近年来，其他省也提出了相应的移民计划，包括曼尼托巴省提名、萨斯克彻温省提名、BC省商业移民、PEI省提名等。

加拿大投资移民申请的审核标准包括背景条件评估及评分来确定。不过，对投资移民背景条件的要求相对宽松。在学历、英语或法语程度等的要求方面可大打折扣。但投资移民审核非常重要的一点是要求投资者具有成功的经营管理经验。

在个人资产方面，2012年之前的要求，申请人必须拥有大于160万加元的个人净资产，部分省有自己的限额。如曼省暂定35万加币个人资产，并且必须是经过自己的努力通过合法途径积累而成。财产可以包括企业中属于自己

加拿大北方可爱的动物

的部分股份及私人房地产、银行存款、有价证券等。加拿大政府拒绝接受任何非法取得或来路不明的财产作为投资。

加拿大政府并不要求投资者将个人资产全部投资到加拿大。资产额是对申请人要求的条件但并不是要求投资者实际给加拿大的投资额度。投资额是指其真正需要投入的资金。2012 年的投资额联邦为 80 万加元，各省有所差别，或是选择融资计划，或者是去当地做企业投资。

（三）加拿大企业家移民

加拿大急需增加其经济实力，热忱欢迎各国有能力、有才干的企业家移民加拿大。根据移民法的规定，企业家如果能投资于加拿大的某一企业，为加拿大公民或永久居民创造一个或以上的就业机会，并亲自参与该企业的管理经营，就能够作为企业家移民加拿大。

1. 企业家移民的优势

（1）移民法对企业家移民没有规定一个最低的净资产的总额。但一般来说需要有 50 万加币以上的“净资产”；

（2）移民法规定，企业家移民需创立或购置一个生意。

（3）申请者具有一定的商业管理经验，企业家移民的投资不必在移民前进行，只需在拿到移民身份后两年以内做出之前计划好的投资；

（4）对该生意有绝对的控制权，自己的投资不会操纵在别人手里。

2. 企业家移民的劣势

（1）申请者获得身份后，需在两年内创建一个企业。如果企业家移民在两年内不能完成这个条件，申请人及全家将会被勒令离境；

（2）创办企业归申请者个人所有，赢亏自负；

（3）申请者最好对当地语言、法律、市场、行业等有相当的了解，并全心全意地经营这个企业。

移民官在衡量一位申请人是否符合移民条件时，集中考虑两个问题：①该申请人有无意图在加拿大设立一个企业？②该申请人有无能力在加拿大经营这个企业？对此，申请者在申请前可去加拿大考察，或参加政府举办的企业家移民讲座等，来强调自己对投资加拿大的意愿。

（四）加拿大自雇移民

一个非加拿大公民，在艺术、体育或农场管理方面有相关经验，愿意并有能力到加拿大继续从事原先自雇的行业（艺术、体育、农场），从而为加拿大作出贡献。这些即符合自雇移民的要求。

与技术移民相似，加拿大联邦自雇移民也同样采用分数测试的方法判断申请者是否符合移民申请条件。评分标准中有5项考察，包括教育、管理经验、年龄、英语/法语能力、适应能力，其总分是100分，通过分35分；具有两年以上相关经验（Relevant experience），职业符合自雇要求；通过体检和安全检查，达到其他加拿大移民的要求。

（五）加拿大移民有什么好处

1. 一人移民，全家获得身份

本着家庭不可分割这一宗旨，加拿大移民实行“一人移民，全家移民”的政策。即一个主申请人可以带一个核心家庭（包括其配偶和未成年子女），其家庭成员都可以同时获得绿卡。

2. 优厚的福利

与其他发达的西方国家相比，加拿大的“社会福利政策”也是非常优越、排名前列的。包括社会福利金、老年养老金、儿童牛奶金、全民医疗保障、12年免费教育等。

3. 无生育限制

加拿大政府鼓励人口出生，为妇女、孩子提供最好的生育、成长保障。

4. 高品质的教育环境，低成本就读国际一流大学

加拿大政府十分重视对教育的投资，每年教育经费高达GDP的7.1%，加拿大与美国教育体系极其相似，各省教育局均有自己的特点，其中小学中学教育是连接在一起的，一般为12年。12年级毕业后，学生可以直接申请上大学。大学教育一般为三年到四年。硕士课程一般为两年。博士课程一般为三到五年。

一个孩子想去加拿大读中学或高中毕业想去加拿大留学，每年大约要付出

各种费用15~40万人民币，且加拿大大学的90%名额是满足国内孩子就读需要的，国际学生就读好大学比较困难。如果获得加拿大永久居民身份，孩子不仅可以免费接受小学到中学教育，上大学的学费也相当优惠，只是外国留学生的四分之一到五分之一，政府还可以提供无息贷款。移民过去的孩子想进一流大学相当容易，只要英语过关就行了。

5. 优质的生活环境

加拿大地广人稀，政治稳定，环境清洁，风景优美，资源丰富，失业率低，社会安全，人民富足，生活环境和谐，生活节奏轻松，生活方式悠闲。在加拿大汉语是第三大普遍使用的语言。

其中温哥华、维多利亚、多伦多等城市连续十多年被联合国世界卫生组织评为全世界最适宜居住的城市，加拿大城市空气清洁度在全世界名列前茅。

6. 可以自由来去美国

美加两国有兄弟之称，加上两国签订了《北美自由贸易、文化协定》，若持有加拿大绿卡，即可申请10年内多次往返签证、自由出入美国。在取得加拿大公民后，就可以免签证随时到美国去。

7. 取得通行全球的加拿大身份

持有加国护照，可以免签证自由出入美国、所有英联邦国家；德国、法国等所有欧共体国家；所有独联体国家和原东欧以及巴西、委内瑞拉等绝大多数拉美国家，免签国超过100多个，可以达到真正无国界旅游。

8. 优惠待遇

北美是世界上最大的资本、商品市场，拥有最先进的技术、最现代化的管理经验。无数的中国企业将进入北美市场作为自己的终极目标，取得北美的国民待遇无疑是成功的第一步骤。如在中国继续发展则可享受外商的一些诸如减免税的外资待遇。

9. 为子女创造良好的教育条件

政府为永久居民提供种类繁多的奖学金、助学金、无息贷款等等。加拿大是世界唯一的双语教育国家。政府官方语言为英语、法语，可以让孩子成为三语流利的世界公民。

（六）加拿大移民有什么福利

加拿大是一个福利制度非常完善的国家，移民加拿大可享受到丰富多彩的加拿大移民生活。加拿大国民福利体制是一个多层次较复杂的体系，既有公共性质的，也有私营计划的，其覆盖面很广，有面向全民的，也有针对不同群体的。下面介绍常见的一些福利制度：

1. 家庭津贴

凡家里有18岁以下儿童，其父母均可每月领一笔津贴，俗称牛奶金，具体金额视家庭收入高低而定。

2. 日托津贴

若小孩父母均工作，又不能付日托全费，可申请日托津贴。

3. 失业保险

新移民工作半年以上，可领取失业保险金。如果因为失业、患病、生孩子或领养孩子而不能工作时，大约95%的加拿大人可以通过全国性的失业保险计划获得临时收入。

4. 养老金

加拿大人不论其资产或收入，均可获得高龄保障退休金（即养老金）。如果你是加拿大公民或移民，年龄在65岁或以上，在18岁以后在加拿大居住至少10年，则可以获得部分退休金，其计算方法是根据你在加拿大居住的年期计算。

5. 退休金

加拿大退休金计划（CPP）是强制性的联邦退休金计划，与私人退休金相类似。该计划提供退休金、在生者福利及伤残福利。几乎每一个工作的人都参与该计划，包括自雇人士。

6. 医疗保险

加拿大实施全民保健计划，居民享受免费医疗服务，如有需要入住医院，政府将支付住院费、医疗费用和膳食等费用。加拿大政府每年拨款约48亿加元于医疗保健福利上，平均每名加拿大人分享 160 万。保健计划：保健计划各省收费不同，除牙科外，医疗保健几乎全部免费。病人看医生不需付诊金，只需支付医药费。

7. 社会福利金

一贫如洗者可申请政府住房和生活补助，保你衣食无忧。

8. 免费教育

12 年基础教育全免费，成人基础教育也非常便宜，高等教育和职业教育不分年龄性别均可申请免息贷款和资助。

9. 收入保障津贴（GIS）

如果你收入很少或没有收入，可以申请每月的收入保障津贴。收入的定义是包括来自其他国家的养老金、生活费、工资、失业保险福利以及劳工赔偿金或福利等等。收入愈少，得到的收入保障津贴愈多。如果已婚，配偶的收入也在计算之内。

10. 配偶津贴（SPA）

如果符合下列条件，申请者亦可领取配偶津贴，这是用来额外津贴那些只靠一份高龄保障退休金为生的夫妇的：①年龄 60 岁与 65 岁之间、配偶为领取高龄保障人士。②总收入不超过规定的数额。③ 18 岁之后在加拿大居住至少 10 年。SPA 须按年重新申请。此项津贴可继续发给你，直至你再婚或年届 65 岁为止，甚至配偶去世这项津贴仍可继续发给你。

The Loomis Chaffee School

Deerfield Academy

The Taft School

许多北美学校都有一个被摸得发亮的鼻子，寓意着好运。

在圣保罗中学做最出色的学生

在圣保罗中学，我们正在寻找求知欲强、积极参与、思想超群和有爱心、并能以全球公民的身份承担起责任的学生。当然，学术成绩是排第一位的，圣保罗的学生不仅要自我学习和自我挑战，还要向身边的人学习和挑战。然而圣保罗的教育远不止学生们在教室所能接触到的。在这种全寄宿制学校里，学习延伸至宿舍、球场、操场甚至是餐桌。我们希望学生在校努力学习的同时能放下书本参与到其他活动，比如运动类、艺术团或学生团体。

圣保罗最成功的学生是那些不断追求自己理想和培养新爱好的学生。圣保罗学生知道在这里可以安心去勇敢探索最艰巨的挑战，因为他们可以得到学校全力的帮助。学生可以走出自己熟知的领域去探索他们从未想过涉及的领域。我们招生委员会的工作是发现那些能充分利用圣保罗学校优势的学生。本校有来自中国最棒的学生，他们充分地展示了他们是学校中非常睿智、适应性强以及热情的一群学生。

Scott P. Bohan

（美国圣保罗中学招生办主任、94 级校友）

St.Paul's School 最具代表性建筑——学校教堂

（原文）

At St. Paul’s School, we are looking for intellectually driven, engaged, thoughtful, and caring students who embrace their responsibilities as global citizens. Academics are certainly a top priority, and SPS students want to learn and to challenge not only themselves but everyone around them. However, there is more to a St. Paul’s education than what the students will encounter in the classrooms. At this fully-residential school, the learning extends to the houses, the courts and fields, and even the dinner tables. We want students who will work hard in school but also put the books down and participate in other activities like sports, the arts, and student groups.

Lucy 与 St.Paul's School 招生办主任 Scott Bohan 合影

The most successful SPS students are those who continue to pursue their passions and develop new ones. St. Paul's students recognize it is safe here to courageously explore the most daunting challenges because it is okay to ask for help and support from the community around you. Students move outside their comfort zones to reach places they never imagined. The task of the admission process is to find those students who will take advantage of all that St. Paul's School will offer them. Our best students from China have typically shown themselves to be smart, adaptable, and enthusiastic members of this community.

Scott P. Bohan '94

Director of Admission

St. Paul's School

美国人的视角

位于美国康涅狄格州的Hotchkiss School是一个面向中国招生已有约100年历史的学校。一些非常知名的美国人，比如亨利·卢斯来自中国，他是《时代周刊》、《财富》、《生活》与《体育画报》杂志的创始人。他只身一人漂洋过海来Hotchkiss读书。在近期任职的8位美国驻华大使中，有两位曾是Hotchkiss的学生。我们学校刚成立了孔子学堂，因为中国学生在我们学校非常重要，他们能力卓著、对美国生活学习强烈的求知欲为我们学校注入了活力。

本书详细阐述了进入美国学校读书的准备步骤。本书提供难得的机会，或许可以改变你的人生。这篇短文列举出和你一起生活、学习的美国人及来自其他国家、不同文化背景的人对你——他们的同学、学生、舍友或是朋友——是怎样的看法。

他们期待你是什么样的人？

- 他们期待你擅长数学，乐于学习
- 他们期待你可以弹琴演奏
- 他们期待你勤奋苦读直至凌晨2点
- 他们期待你是个严肃认真的人

你的哪些方面会使他们震惊？

- 当你的中国历史常识如此匮乏，你的老师会震惊

教室走廊的休息区，可以俯瞰窗外的湖光山色。

陶艺室陈列的学生作品

- 当你服从你妈妈的每一个安排，你的舍友会震惊
- 当你在课堂讨论时保持安静，你的同学会震惊
- 当你对在校中国学长毕恭毕敬时，你的朋友会震惊

他们能从哪些方面为你带来快乐？

- 美国家庭对你的热情欢迎
- 课堂上开放随意的讨论
- 每一个教职工在你身上花大量时间、精力来鼓励你、关注你
- 他们把你看作与众不同的人

你怎样来回馈这种新的文化？

- 善待她，尊重她，不断学习她的历史、文化及价值
- 保持灵活的头脑但不要轻易否定自己的价值
- 向他们展示你的文化、你的个性，比如你的幽默、善良
- 开阔你的视野——参加俱乐部、体育活动、学习一项美国新技能
- 请记住你与学校里美国同学之间友谊的一小步将为架设伟大中美友谊之桥做出自己的贡献。

Dr. Manjula B. Salomon

（美国霍奇基斯中学副校长）

（原文）

Through American Eyes

The Hotchkiss School in Connecticut is a China-facing school and has received students from China for almost one hundred years. Some of the most famous Americans like Henry Luce-the founder of Time, Life, Fortune and Sports Illustrated magazines-came from China, alone and by boat, to study at Hotchkiss. Among the last eight American ambassadors to China, two have been educated at The Hotchkiss

School. We are also a Confucius Classroom school. This introduction is simply to say that we cannot imagine our school without students from China studying here, enriching us with their many abilities and the eagerness they bring to entering American life and learning

This book gives all the steps towards preparation for entering an American school environment. It is indeed a great privilege and offers an opportunity that could change your life. This short piece offers some expectations that Americans, and the many other nationalities and cultures that live and study here will have of you: their classmate, their student, their roommate, their friend. Your task will be to move from the generalizations given below to being an individual to each one you meet.

What will they expect of you?

- They expect you to be brilliant at Maths and to be a devoted student
- They will expect you to play a stringed instrument
- They will expect you to study till 2 a.m.
- They will expect you to be a serious person

What will surprise them about you?

- Your teachers might be surprised that your sense of Chinese history is limited
- Your roommate might be surprised that you obey every wish of your mother's
- Your classmate may be surprised that you are quiet during class discussions.
- Your friend might be surprised that you are so deeply respectful to the senior Chinese students

What will delight you about them?

- The warmth of American families in welcoming you
- The informal and open discussions in classrooms

Lucy 与美国 The Hotchkiss School 副校长 Dr. Manjula B. Salomon 合影

- The time and attention and encouragement that all the adults in the school will give you
- The sense of individuality with which they will regard you.

What will you have to give to the new culture?

- Treat it with respect—learn continually about their history, their culture, their values
- Be flexible—but without yielding your own values
- Show them your culture and your personality—your humor, your kindness
- Expand your horizons—join a club, do a sport, engage a new American skill or quality

Remember that this friendship between you and the Americans you will study among is a small step in the great bridge of friendship between China and America.

Dr. Manjula B. Salomon

Asst. Head, Director of Global Initiatives

Hotchkiss School

教育不只限于考试和课本

这是一个令人好奇的想法。尽管这句话第一次是马克·吐温说的，但是，是我们的好朋友艾德博士把这个想法带进了我们的生活。我们把我们的车里装满了床上用品、词典、笔记本电脑、冬天的外套、课本和台灯。我们女儿将在第二天，在距离纽约以北3个小时车程的雪城大学开始她的大一新生生活。Dr. Ed在晚上散步的时候停下来，祝福她一切都好。当他挥手说再见的时候，他说:“记住，别让学习妨碍了你的教育。”我们都笑了。跟大一新生讲这样的话是多么令人吃惊的事情啊。

虽然他的告诫刚开始让人觉得吃惊，但是非常意味深长。这些年来我一直把那个建议传递给我劝告过的学生。这点对于格外聪明却被动学习的亚洲学生来讲特别重要，但是对于他们的家长来说更是个贴切的提示。为了获得高分，他们逼着自己的孩子忍受长时间的严密学习，并强调每门课都要名列前茅，所以亚洲的父母会发现Dr.Ed的训诫有违常理。对他们而言，成功的关键就是获得最好的考试成绩，进入最好的大学从而进入最好的社交网络，找到最好的公司和最好的同事。严酷的学习怎么可能阻碍一个人的教育？艾德博士的“不要让学习阻碍了你的教育”这句话是什么意思？

事实上，艾德博士这一挑战性话语道出了亚洲学校和美国学校最重要区别之一。当美国的教育环境是寄宿学校的时候，这个不同更显得意义重大了。一些最持久深远的课程都来自生活的经历。带着良知去学习如何领导、如何思考并不都是从课本的理论中学到的，而是在和同学的接触中学习到的。社交范围的扩展和人类的同情心都是在人际关系中学到的。年轻人可以阅读有关领导理论、社区发展或者关于周围敏感话题方面的书籍，但是直到他们真正用到这些的时候，才能证明他们真正拥有了这些至关重要的技能。

真正强有力的教育机构应该在课堂外为学生提供更多的发展机会。毫无疑问，成功的企业家、政府官员在他们的高中、大学时代都是学校活动的领导者及组织者。对我女儿的成长及发展有深刻影响的是她被激发出来的领导能力，并且这种领导能力会贯穿到她从小学学校管理活动到大学联谊会活动中去。她曾经担任过“财政部长”，还当选过女学生联谊会主席。在这过程中，她学会了如何去领导，如何去敏锐地去洞察她领导的人们。这些经历在通往她事业的道路上扮演着不可轻视的作用……所以，“别让学习妨碍了你的教育”。

艾德博士的话还隐藏着另外一个真理，那就是学生们在做真正自己的过程中互相学习。因此，一个家庭在为孩子选择寄宿学校时，一个重要的标准是他们应该寻找一个不仅有启发性的老师还要有启发性学生的学校。在这里，不同文化背景的年轻人汇聚一堂，打开心扉，相互欣赏而不是评判各自国家独特的文化。学生在彼此分享人生经历的过程中学习，这种作用是强大的，并且在铸就个人价值观方面留下不可磨灭的印记。

柏林墙的倒塌对那些欧洲以外的人们而言，只是一个遥远的事情。但是在柏林墙倒塌后的几年，前东德的Alida，匈牙利的Nora，斯洛伐克的Jana及白俄罗斯的Nicholi都成了我们怀俄明学院的优秀学生，我们越发意识到美国理念在这次历史性事件——无形屏障的轰然倒塌中——发挥的作用是微小的。Alida，Nora，Jana和Nicholi的到来帮助我们认识到有些父母、甚至祖父母乐意接受不同的经济和政治体系。在我们学校，不同的观点可以进行公开热烈的讨论。

寄宿学校将来自世界各地、各个阶层的年轻人聚集在一起，为学生提供了除考试及书本以外的宝贵财富。学生们通过做最真实的自己、分享人生经历来相互影响彼此…… “别让学习妨碍了你的教育”，而是要充分利用寄宿学校社区给学生成长带来的充分的机遇实现自我成长。

要想成为一个真正受过良好教育的人，仅仅追求考试时的高分数或是全班级的好排名是远远不够的，因为经历是更好的老师。

的确，大家在选择一个寄宿学校时，要考虑到它的毕业生大学录取情况，SAT 平均成绩，AP 课程的安排等等，但是抛开成绩，大家更应该寻找一个具备引导学生全面发展能力的学校，所以聆听一下艾德博士的话吧，“别让学习妨碍了你的教育”。

John R. Eidam

（美国怀俄明中学招生主任）

Wyoming Seminary 中学美丽的校园

（原文）

There Is More to an Education Than Tests and Texts

It was a curious thought. Although it was Mark Twain who said it first, it was our good friend Doctor Ed who brought this charge into our lives. We were packing the family car with bed linens, dictionaries, laptops, winter coats, text books and desk lamps. Our daughter's freshman year at university would begin the next day three hours north in Syracuse, New York. Dr. Ed on his evening stroll stopped to wish her well. As he waved good bye, he said, "Remember, don't let your studies get in the way of your education." We all chuckled. What a curious thing to say to a college freshman.

Though his admonishment seemed at first curious, it is, indeed, profound, and through the years I've passed that advice along to students I've counseled. It is especially important for the extraordinarily bright and driven students of Asia, but it is a message even more apropos for their parents. Driving their children to endure long hours of rigorous study, striving for high test scores and stressing the goal top rank in each class, the Asian parent would find Dr. Ed's admonishment counterintuitive. The key to success is getting the best test scores to get into the best university to get into the best network of future corporate or professional peers. How is it conceivable that rigorous study could hinder from ones education? What could Dr. Ed mean? ……. "Don't let your studies get in the way of your education.

In fact, Dr. Ed's challenge speaks to one of the most significant distinctions between Asian and American schools. That difference is even more significant when the American educational setting is a boarding school. Some of the most enduring lessons come from life experiences. The skills to lead and to think with a conscience are not learned as much from text book theories as they are from personal encounters with peers. Outreach and human compassion are learned through relationships. Young people can read about leadership theory, about community development or about sensitivity to those around them, but until they actually serve and lead, they cannot prove themselves to possess those vital skills.

Truly effective institutions of learning are filled with opportunities to develop outside the classroom. No doubt, successful corporate and government leaders today were team captains or organization leaders when they were in high school or college. A profound influence in our daughter's growth and development was the leadership she was called upon to provide her prep school government and university sorority. She served as treasurer of the government and rose to be president of her sorority. She learned to lead. She learned to be sensitive to those whom she led. Those experiences were no small part of the pathway leading to her career. …… "Don't let your studies get in the way of your education."

One more truism is implied in Dr. Ed's statement. Students learn from each other just by being themselves. It is important, therefore, that in searching for a boarding school in which to learn, families should look for one with stimulating students - not just stimulating teachers. Young people coming together from diverse backgrounds open each others' minds to appreciate - rather than judge - the unique cultures from which they come. Learning by sharing the journeys of life is powerful, leaving indelible impressions on one's values.

The fall of the Berlin Wall was but a distant event for the vast majority of non - Europeans. But a few years after the fall when Alida of the former East Germany, Nora of Hungary, Jana of Slovakia and Nicholi of Belarus were students here at Wyoming Semnary, they were great mentors. It became evident that our American perspective on that historic event - the collapse of the Iron Curtain - was parochial. Not all peoples of the world idealize free market democracy as Americans do. Alida, Nora, Jana and Nicholi helped us understand that some of their parents and grandparents happily embraced different economic and political systems. The pros and cons were discussed openly.

Boarding schools, bringing young people together from diverse walks of life, provide a wealth of opportunity to learn beyond texts and tests. Students mentor each other just by being themsel ves and by sharing their life journey…… "Don' t let your studies get in the way of your education." Take advantage of the plethora of opportunities for growth that are built into every boarding school community.

There is so much more to becoming a truly educated person than scoring the best on a test or ranking at the top of the class. Experience is a great teacher.

It is true that in choosing a school, families must consider university placement records, SAT average scores, AP offerings, etc. But look beyond the scores. Look for the qualities of school life that inspire well–rounded personal growth. Listen to Dr. Ed. "Don' t let your studies get in the way of your education."

John R. Eidam

Dean of Admission and Financial Aid

Wyoming Seminary College Preparatory School

Kingston, Pennsylvania, U.S.A.

去美国读中学不只为了考名校

近年来，史蒂文森学校开始招收更多的中国学生，所以学校一直致力于帮助中国学生适应这一全新的不同的美国教育系统。在过去的每一年里，文化方面的调整正朝着我们期望的方向发展，从而给学生带来更好的体验。

在学术上，中国学生能很好地过渡到一个以更多讨论为主的教育模式中来。但是在校第一年，所有的学生都不可避免地需要花大量的时间来重新调整自己在以前学校所形成的教育期望目标。学生自愿并乐于做出这种调整是决定他们能从美国教育系统中获取多少宝贵价值的最重要因素之一。

有兴趣将自己孩子送去美国读书的中国家长不应该仅仅是将中学经历视为孩子进入美国大学读书的一种途径，相反，家长应该将这段教育经历视为给孩子灌输全球化、跨文化思想，并使他们受益终身的机会，那么我们的教育理念会得到这些家长更好的认同。以我的经验看，在美国寄宿制中学里，持有这种观点的学生与那些没有这种观点的学生相比，他们的这种经历具有更重大更非凡的意义。

Tom Sheppard

（美国史蒂文森中学招生主任）

（原文）

As Stevenson School has begun to welcome more Chinese students in recent years, there has been a concerted effort on the school's part to help our Chinese students acclimate to a new and different educational system. With each passing year, the cultural adjustments have become more predictable, resulting in an enhanced experience for our students.

Academically, our Chinese students have transitioned very well into a more discussion based form of education. Inevitably during the first year, all students spend considerable time adjusting their educational expectations which have been formed in their previous schools. A willingness and interest in making this transition is one of the most important points in determining exactly how much value a Chinese student may derive from the American education system.

Chinese families interested in having their children study in the United States would be well served if they viewed the experience as much more than just a pathway to admission into a university in the United States. Instead, families should see the experience as an opportunity to instill in their children a global and cross cultural view of the world that will serve them for a lifetime. My experience has been that students who adopt such an approach to their years at as US boarding school have a significantly more meaningful experience than those who do not.

Tom Sheppard

Director of Enrollment Management

Stevenson School

如何为你的留学做最好的准备?

选择出国留学是一个激动人心的决定。每一个聪明的旅行者都会选择一本书做为自己的指导手册。我，今天作为一名拥有美国寄宿学校国际生教育经历的教育者，可以非常确定地告诉你，Lucy 这本书可以成为你留学之路上的宝贵资源。理解北美私立学校教育体系如何运作可以帮助学生及家长为留学做最好的准备。对很多家庭而言，能够轻松逾越留学过程中出现的语言及文化上的障碍是一件让人望而生畏的事情。凭借本身的经历及研究工作，Lucy 完全可以胜任完成这样一部综合性著作以期使准备留学的家庭对留学申请过程的每一步都有最全面的认识。这本书可谓面面俱到，涉及的内容从申请过程的各个步骤到学生进入新校以后应该如何应对新生活，都给出了实用性的指导。无论是学生还是家长，作为该书的读者，我期望这本书可以帮助他们轻松过渡并顺利适应全新的环境。同

参加美国名校训练营，为留学做好准备。

学们，在接下来的几年里你们将拥有一次奇妙的历险经历——好好准备并享受你这次奇妙的旅行吧！

Metta Dael

（北野山中学国际生招生主任，93 届毕业生）

（原文）

Taking the steps to obtain an education abroad is an exciting decision, and every smart traveler is always prepared with a guidebook. As an educator and a former international student at an American boarding school, I can assure you Lucy's book will serve as an invaluable resource to you. Understanding how the North American private education system works will help students and parents be best prepared to study abroad. For many families, being able to navigate the linguistic and cultural barriers involved in the process can be daunting. Lucy Shih's experience and research has allowed her to write this comprehensive book with the hope of helping families understand everything from the admissions process to what students should expect when arriving at their new school. My hope for readers is that, whether they are students or parents, this book will help them transition and adapt comfortably into their new school environment. Students, you will be going on an amazing adventure over the next few years——be prepared and enjoy the journey!

Metta Dael '93

Director of International Admission

Northfield Mount Hermon School

谁把孩子送来寄宿初中

寄宿初中在美国的数量很少，它们以其独特的方式专注于培养支持小学生及中学生。即使对那些居住在新英格兰地区以外的、拥有众多寄宿学校的地区的大多数美国人而言，很少有人意识到这些宝贵的资源是为 8 到 15 岁的孩子们准备的。一旦他们发现寄宿初中的存在，他们接下来的反应往往是“谁会送那么小的孩子去寄宿”？作为一所寄宿初中的校长，我听过太多这样的疑问，我非常乐意解答他们的疑问。

首先，那些真正深爱自己孩子的父母、那些更注重孩子教育经历的父母会选择寄宿初中。因为这里有更多的学术挑战、更多样化的学生主体、更敬业负责的老师、更丰富多彩的社区活动。在这里，家长将欣喜地看到我们为他们的孩子提供小班制教学模式、温馨舒适的宿舍、符合学生年龄特征的活动。晚上，学生在老师监护下在自习室学习，学生如需帮助，老师及各种图书资源近在咫尺。一些来自独生子女家庭的孩子在我们的学校里认识了志同道合的舍友，从而为这些家庭带来新的活力，因为这些孩子多了兄弟姐妹。另外一些多子女的家庭的父母将最大的一个孩子送到我们学校，让孩子在一个绝对安全的环境下尝试如何更早地学会独立。很多人认为寄宿初中可以为中学生活打下坚实的基础。在他们看来，学校的教练、宿管、辅导教师都将成为孩子的老师，孩子与这些老师之间的关系对他们影响深远。那些选择寄宿初中的父母们并非冷漠无情、对自己家庭漠不关心，而是他们尽职尽责地履行自己的义务，为孩子选择一个能最大化开发潜力的个性化十足的培养环境。

Shelley Borror Jackson

（美国比门特中学校长）

（原文）

Who Sends Their Kids to Junior Boarding Schools?

Only a handful of junior boarding schools exist in our country, and their unique and dedicated focus is to nurture and support elementary and middle school students. Even most Americans who live outside New England where boarding schools abound are unaware that opportunities like this are available to children in the eight-to-fifteen-years-of-age range. Once they do discover the existence of junior boarding schools, their next response is likely some version of "Who sends their kids to board at such a young age?" As a head of a junior boarding school, I hear it a lot, and in truth, I love answering it.

My first response is that parents who love their children deeply and are looking to strengthen their educational experience are the ones who seek a junior school. Those needs may be about increased academic challenge, a more diverse student body, more attentive teachers, or becoming immersed in an American school community. Parents are delighted to find our small classes and warm, cozy dorms which plan age-appropriate activities for young adolescents. They often have children who will appreciate closely proctored evening study halls with teachers and library facilities close at hand. Sometimes parents seek the change in family dynamics when an "only" child now has a handful of dorm mates who become surrogate siblings, while others enjoy

Bement School 与相邻的 Deerfield School 共用部分设施，同学们在上体育课。

allowing the oldest in a large family to test the waters of independence in a very safe setting. Many see a junior boarding school as strong preparation for secondary school. They recognize that their children' s teachers will be their coaches, their dorm parents, their tutors, and those relationships become profoundly meaningful. Those who send their children to junior boarding schools are not negligent, disinterested parents whose lives have no room for family life. They have simply done their due diligence in looking honestly for the settings in which their children can maximize their potential in a highly personal, nurturing environment.

Shelley Borror Jackson

Head of Bement School

做出众并为之骄傲的男校学生

男女有别，我们需要正视这一点。在乌德贝里森林学校，我们发现男女间的差异会影响到其学习方式、发育时间早晚、同龄人互动以及去冒险和尝试新事物的动力。乌德贝里森林学校在男生教育方面已经有上百年的历史了，从那时开始我们就认识到通过同龄人相处来树立自信心的重要性，通过课外活动来加强竞争意识，给男生充分发挥天性的空间，以发展成为强壮的男青年。

我为我做过的、没做过的事情同样感到骄傲。

——*乔布斯*

在男校，我们鼓励学生去发现自己热爱的事物。男生都热衷于他们喜爱的活动和经历，我们鼓励学生在追求自己之前喜爱的事物的同时能尝试些新的活动。

在一个全为男性的社会环境里尝试新鲜事物的安全性或许可以解释为什么很少有男孩只拥有一个“学者”“运动家”“艺术家”这样的身份，他们通常都是多方面发展的。所以我们常看到一个男生结束了他的物理实验以后跑去练习足球。我们还知道他在周日晚上的弦乐团里演奏、在学校剧团里表演，他还甚至活跃在4x400接力决赛场上。

子曰：不闻不若闻之，闻之不若见之，见之不若知之，知之不若行之；学至于行之而止矣。

——*孔子*

无论是男校或女校，单一性别学校的价值，在于它们都给予学生们时间和机会来决定自己喜欢什么以及如何去实现这些梦想。把握机会从失败中学习也是走向成功之路的一部分。自我树立信心，提升自我能力迈向下一个目标。我们鼓励学生积极参与，兴致勃勃，有激情的投入生活的各个方面。

一个人最开始接受教育的方向将决定他未来的人生。

——*柏拉图*

我给未来要申请美国学校的学生们如下建议：在考虑学校之前先考虑一下自己。认清自己的优势和劣势，你的目标和需要。认识到这些是你和别的学生的不同，而且你是和别的学生从不同的起点出发的。仔细研究各大学校，列出和你个人需求、优势和劣势和与自己目标相符合的学校清单。因为你的需求和弱势将成为阻碍你达成目标的唯一障碍。

在选择潜在学校时要保持思路开阔。在写此篇文章时我刚刚从历时一周的将近 20 所著名的寄宿学校之旅回来。我可以明确地说这些寄宿学校都是与众不同的，这些寄宿学校都具备让那些要成为非凡之人的能力。有差异是好的。例如，我们会经常发现，学生们会很快地从初始的学校清单中排除乌德贝里森林学校，仅仅因为它是男校。然而，当学生们来乌德贝里森林学校参观并住了一夜之后，他们都震惊了。如下是和此现象相关的有趣的数据：在乌德贝里森林学校体验的学生中，被录取之后，91% 都会选择入学。为什么？因为实地访问一个学校你会有超乎想象的感受。敞开胸怀做出选择很显然是非常重要的。

对于申请而言，最重要的是这是“你”的申请，而且是由你自己完成的。每个学校审核申请表的方法不同，但是在我们看来，当申请材料和申请者不符时是显然易见的。附加材料如录像、书籍、获奖证书和档案文件都是不必要的。

除非你是特别出色的艺术家或音乐家，除非你所申请的学校对于这些方面有特别的要求，否则请保持你的申请内容简洁明了并能很好地展示你自己。

Jason Slade

（美国乌德贝里森林学校招生主任）

（原文）

Boys and Girls are different. This is something to embrace, not ignore ! At Woodberry Forest, we recognize these differences impact learning styles, developmental timing, peer-to-peer interaction and willingness to take risks and try new things. Woodberry Forest has taught boys for well over 100 years, and in this time we have come to recognize the value of developing confidence through peer engagement, using extracurricular activities to develop competitive spirit, and allowing space for boys to be boys now, and to become strong young men.

I'm as proud of what we don't do as I am of what we do.

——*Steve Jobs* (*1955–2011*)

In a Boy's School, we encourage our students to find things they are passionate about ! Boys focus so intently on activities and experiences they are passionate about, and we encourage our students to pursue the things they already love as well as try new activities. The safety of trying new things in an all male social environment might explain why we rarely have boys who are ONLY a great scholar, an athlete or an artist. It is common to see a boy running from his Experimental Physics lab to football practice, only to hear him play in our strings ensemble on Sunday evening, or act in a school play while also anchoring a championship 4 × 400 meter relay.

不闻不若闻之，闻之不若见之，见之不若知之，知之不若行之；学至于行之而止矣。（I hear，I know. I see，I remember. I do，I understand.）

——**Kong Fu Zi**（551–479 B.C.E）

The value in single gender education，whether it is Boys or Girls，is in the time and opportunity this gives students to decide for themselves what they care about and how to realize these dreams，opportunity to learn that failure is a part of the path to success，and time to develop confidence in themselves and their ability to continue forward towards the next goal. We want to encourage participation，excitement，passion，in all aspects of life.

The direction in which education starts a man will determine his future life.

——**Plato**（427–347 B.C.E）

My advice to prospective students of US education is this: Before you consider a school，consider yourself. Recognize your own strengths and weaknesses，your goals and your needs. Recognize that these are different from other students，and that you are starting from a different place than other students. Closely examine the marketplace of schools，and create a list of schools that is complementary to your personal needs and weaknesses as much as your strengths and goals，because your needs and weaknesses will be the only thing that holds you back from your goals！

Keep an open mind when considering potential schools. While writing this I have just returned from a week long tour of approximately 20 well known boarding schools，and I can definitively say that they are all quite different，and all have the ability to be exactly what someone needs to become an extraordinary person！Different is good. As an example，we often find that students are quick to remove Woodberry Forest from an initial list of schools to consider，simply because we are an All Boys school. However，when these students visit and spend the night， they are amazed！ An interesting statistic relating to this follows: Of these students who spend the night on our campus, 91% enroll at Woodberry Forest when given the opportunity！ Why？ Visiting a school teaches you more than you can ever imagine, and having an open mind to consider your options is clearly so important.

As for your application, well, it is important above all else that your application be about you and by you. Every school is different in the way it reviews applications, but from our perspective, it is usually quite obvious when application materials are not reflective of the applicant. Additional materials (videos, books, award certificates and portfolios) are truly not necessary unless you are a spectacularly good artist/musician/etc. Even then, keep it short and focus on yourself as a whole person, unless of course you are applying to a school that specializes in this one discipline.

Jason Slade

Associate Director of Enrollment Management and International Admission

Woodberry Forest School

我们在发掘和塑造什么样的女孩子

随着中国大陆的申请者数量与日俱增，面试在整个申请环节中发挥越来越重要的作用。因为每个学校名额，所以学校开始关注除了聪明、刻苦这些基本因素之外，申请者还可以从其他方面为学校带来些什么。比如：申请者是否是一个高水平的大提琴演奏者或出众的艺术家或是天才运动员？申请者是否是一位开朗、热情、乐于参与学校生活方方面面的佼佼者？作为艾玛维拉女子中学的招生主任，在面试过程中，我希望能了解到这个女孩的性格特点。她是不是能跟别人相处愉快？她会不会看着我的眼睛，充满热情地展开我们的谈话？哪怕她的英语并不完美。她们能否思维敏捷地回答意想不到的问题？具备了以上条件的女孩子通常会积极参与课堂讨论而且她们可以融入到艾玛维拉女子中学多元化的文化氛围中去。

很多家庭只注重最后结果：学生要进入适合自己的大学，但是这样做可能导致这些女孩子错过了体验全方面高中生活的机会。我们希望艾玛维拉女子中学的学生，在她们毕业十年之后，被问及如果她们有机会再做一次选择，她们会选择高中还是大学，她们会说："我们当然选择艾玛维拉女子中学！"高中时代就是学生在一个安全的教育环境下全面开发自己潜力的时期。女校可以为学生提供最安全的环境。在这里，我们鼓励女孩子勇于冒险、尝试新鲜事物，并且明白在某些事情上的失败是可以理解的，通过这些事情，你对自己了解的更多。如果你一直不尝试一些在自己能力范围之外的事情，你就无法真正地长大。在一个全是女孩子的环境中，女孩子学会如何做她们自己及挑战极限。

中国的教育通常是大班教学，注重成绩却很少注重每个学生个体的进步。然而在艾玛维拉女子中学，我们尊重每一个个体的发展。我们不仅仅停留在了解女孩子们想些什么，我们还要知道她们为什么这样想！我们希望学生们可以表达出来自己的想法并且给出理由支撑自己的观点，即使这些观点跟老师的会有分歧。但是这一点对一些中国女孩来说却是非常困难的，因为她们之前一直都在被教导如何安静地坐着听讲并且认同老师的观点，因此，当艾玛维拉女子中学的老师试图让这些中国女孩表达自己独特的想法时，刚开始，这些女孩子都被吓到，但是很快她们就明白了这是我们期望她们做到的。我们期望她们拥有自己独立的思考能力及解决问题的能力。在这所学校，我们坚信我们是在培养未来的领导者。而要想成为一个伟大的领导者，一个人必须具备不受缚于条条框框，而用更广阔的视角看问题的能力。

Jeffrey Pilgrim

（美国艾玛维拉女子中学招生主任）

（原文）

As the number of candidates from Mainland China increase each year，the interview is playing a bigger and bigger role in the process. With limited spaces available at each institution，each school knows that they will be getting intelligent hard-working students so they are beginning to look beyond that to the other factors each candidate brings to the school. Is a candidate a top-level cellist or amazing artist or talented athlete？ Is the candidate outgoing，enthusiastic and eager to get involved in all aspects of school life？ During the interview，I want to find out about the girl's personality. Is this someone that people will enjoy living with？ Does she look

Jeffrey Pilgrim（美国女校 Emma Willard School 招生主任）

me in the eye and carry on a conversation with enthusiasm, even if her English may not be perfect？ Can they think on their feet and answer questions that they aren't expecting？ Those are the girls I know will be involved in the classroom discussions and who will reach out to the vast array of different cultures on the Emma Willard campus.

Many families focus on the end product: getting into the right college or university but in doing so, the girls run the risk of missing out on the full spectrum of their high school experience. We want girls here at Emma Willard who, ten years after they graduate, when asked if they had a choice, "Would you go back to high school or college？", they say, "Emma Willard definitely！". High school is a time to explore one's potential within a safe nurturing environment and none is safer than an all–girls'school. Here, girls are encouraged to take risks, try new things and understand that it's okay to fail at things because, in doing so, you learn more about yourself. If you never try something outside your comfort zone, you can't grow as an individual. Within an all-girls' environment, girls learn to be themselves and to "push the envelope".

China, with its large class sizes and focus on test scores and grades, doesn't always promote individualism. At Emma Willard, such individualism is embraced. We want to know not only what girls are thinking but why they are thinking in that way! We want students to express their beliefs and then back them up, even if they differ from those of the teacher. This can be very difficult for some Chinese girls since they have been taught to sit, listen and agree with their teachers. So, when a teacher at Emma challenges them to come up with their own unique thoughts, it can be intimidating at first, but the girls quickly learn that this is what we want from them. We want them to be independent thinkers capable of coming up with solutions on their own. At Emma, we believe we are creating the leaders of the future and, in order to be a great leader, one must be able to see things from a broader perspective and think outside the box.

Jeffrey Pilgrim

Admission Director of Emma Willard School

完整的教育

长久以来，桑列根湖学校在帮助中国学生在大学和今后生活中取得成功做好准备有着成功的历史。桑列根湖学校坐落在加拿大西部温哥华岛，是一所独立的男女合校寄宿中学。我们的学生有着广泛的课程选择，包括一流的体育和艺术课程。桑列根湖学校进行小班授课，鼓励学生和有才能、有责任感的教职员工进行亲密和定期的互动，从而营造出温暖的家庭式学习氛围。我们学校致力于完整的教育，强调学生个性发展的重要性，并培养毕业以后具备成功所需才能的领导者。

桑列根湖学校提供给中国学生的特色课程之一是桑列根湖预备课程。参加预备课程的学生将接受严格的课程训练，包括完全沉浸在英语环境之中，以便达到完全理解的水平，这将使得学生天衣无缝地过渡到桑列根湖正常的课程中去。该预备课程的老师都是对教授英语作为第二语言的学生有着丰富经验的，并且学生们可以和桑列根湖学校的其他学生一起参加很多活动。该预备课程为期一年，学生从该课程毕业后将准备好成功迎接全英语授课课程的挑战。

Ryan Panton

（加拿大桑列根湖学校年度基金会主任，97 届校友）

（原文）

Shawnigan Lake School has a long and successful history of preparing Chinese students for success at university and beyond. Shawnigan is an independent, co-educational boarding school located on Vancouver Island in western Canada. Our students are exposed to a wide-ranging academic program, in addition to first-class athletics and fine arts offerings. Blessed by a spectacular campus, Shawnigan's small class sizes encourage familiarity and regular interaction with a talented and committed faculty, creating a warm and welcoming familial environment. Our commitment to a complete education stresses the importance of character development, and produces leaders equipped with the tools necessary to be successful after graduation.

Shawnigan Lake School 藏书丰富的图书馆

Shawnigan Lake School 实验室

One of the unique options Shawnigan offers to Chinese students is the Shawnigan Preparatory Program. Students in the Preparatory Program are exposed to a rigorous academic program that includes complete immersion in English in order to gain a level of comprehension that allows for a seamless transition into Shawnigan. They are instructed by teachers with extensive experience in educating students for whom English is a second language, and take part in many activities alongside other Shawnigan students. Students graduate at the end of the one-year program prepared to successfully handle the challenges of an English-speaking curriculum.

Ryan Panton '97

Director of the Annual Fund

Shawnigan Lake School

带你认识加拿大公立中学

我们学校是加拿大高贵林市百年纪念中学（Centennial Secondary School），坐落在加拿大卑诗省温哥华地区，每年招收100名国际学生。在过去的几年中，来自中国的国际学生数量有了显著的增长，而且我们很自豪地看到他们都成功地获得了加拿大高中文凭，AP课程学分，并且升入世界各地的知名大学。我们学校拥有最先进的教学设施和强大的师资力量，使得我们运用创新的教学策略帮助学生为即将在西方大学中经历的考验和挑战做好最充足的准备。

我们学校已经开设了一流的英语作为第二语言课程，该课程可以帮助国际新生尽快地适应加拿大课程。我们社区有很多亚洲人，因此我们有更丰富的经验去帮助中国学生轻松地融入校园和寄宿家庭生活。我校提供多种多样的课程和咨询支持，这就使得学生获得成功的机会最大化，并且帮助学生在他们擅长的领域中脱颖而出，比如学术上、艺术上和体育上。我们努力地帮助学生发展他们的个人主动性并形成良好的习惯，这对于成年人也是相当重要的。所有的一切将同时使学生有机会在世界上最美丽、干净和迷人的城市生活。

Stephen Rogers

（加拿大卑诗省高贵林市百年纪念中学名誉校长）

（原文）

Each year Centennial, my Canadian High School situated in the Vancouver region of British Columbia, Canada, enrolls 100 International students. The last few years have seen a significant increase in the number of students from China and, with pride we have seen them successfully graduate with a Canadian High School diploma and AP credits and go on to attend excellent universities around the world. Our school has state-of-the-art facilities and equipment and a highly-educated teaching staff that use innovative instructional strategies to prepare students for the rigor and challenges of a western university experience.

Our schools have developed world-class English as a Second Language programs that help new international students to quickly adapt to Canadian course-work. Our community has a large Asian population and this has given us much experience in assisting Chinese students to become comfortable in school and in their home-stays. We offer a wide variety of programs and counseling support that maximize the opportunities for success and allow students to excel in their individual areas of strength - academically, artistically, and athletically. We work hard to help the students develop personal initiative and work-habits that are also important as an adult. All this and at the same time, the students have the chance to live in one of the most beautiful, clean and fascinating cities in the world.

Stephen Rogers

MA, Principal Emeritus

Centennial Secondary School, Coquitlam, BC, Canada

SSAT 考试局写给读者的话

入学测试是很多你所要申请的学校需要做的。学校通过这种测试来考察学生的技能，因为这关系到他们在私立学校第一年的成功与否。了解国际学生申请的每一所学校需要哪个测试将会变得很重要。

所有美加的私立中学中，最普遍使用的测试之一就是 SSAT——美国中学入学测试。关于考试准备和注册的相关信息可以每年登录 SSAT 的官网 www.ssat.org 查询。在网上，你可以找到考试日期、考试时长和考试形式，还有应试策略的小提示的相关信息。你也可以买到由中学入学考试委员会（SSATB）编写的考试准备和申请指南。这个指南提供了全套测试，从 2012 年 10 月的考试开始。父母可以用他们孩子的 WEB ID 登陆网上查看分数，也可以免费发送无限数目的成绩报告单给他们申请的学校。对于住在美国之外的家庭，这是最快知道分数的途径。

中等水平测试和高等水平测试（Middle and Upper Level）按时间分为五个部分。写作考试时间为 25 分钟，词汇和两个数学部分考试时间为 30 分钟，阅读考试时间为 40 分钟。在阅读部分，中等水平测试的学生将会从两个创意提示中选择一个，而高等水平测试的学生要么从两个提示中选择一个，要么创意提示，要么命题提示。此外，一些 SSAT 考试还会包括一个 16 个问题的试验测试部分。这部分是不计分的，但是这个部分以后有可能出现在新的 SSAT 考试中。SSAT 考试中心保证学生参加两次考试的话不会遇到同样的试题。

SSAT 官网上还提供标准在线申请表格。这个在线申请允许你填写一个表格但可以发给很多学校。使用在线申请意味着你仅需要填写一次申请表格。超过 600 所学校接受在线申请，这就会节省你在入学申请阶段而且方便你在线申请。

在完成申请表格的时候一定要考虑清楚并且非常仔细。入学招生老师会经常比较你的申请论文和你的 SSAT 写作以保证你真实地反映了你的能力。你必须明白你的测试只是入学录取程序的一个部分。学校会用这个测试、申请表、老师的推荐信、学校的面试，还有成绩单来评估你是不是能够在他们学校获得成功。

Kate Auger-Campbell

（SSAT 考试委员会拓展部主任）

（原文）

Admissions' testing is required by many of the schools where you will apply. Schools use this testing as a common measure of a student's skills and abilities as they relate to first-year success in independent schools. It will be important to research which tests are required of international students at each school where you are applying.

One of the most common admissions tests is the Secondary School Admission Test, the SSAT. Information about preparation and registration can be found online at www.ssat.org each year. There you will find the test dates, information about the length and format of the test, tips on test-taking strategy, and you can even purchase the Preparing & Applying Guide, designed by SSATB, which offers full length practice tests. Beginning with October 2012 testing, all score reports will be delivered electronically to families at no additional cost. Families will be able to log in with their child's WebID to see score reports and send unlimited score reports, for free, to schools where they are applying. For families living outside of the US, this will mean faster access to scores.

The Middle and Upper Level tests are timed and divided into five sections. You will be given 25 minutes for the writing sample, 30 minutes each for verbal and two quantitative sections, and 40 minutes for the reading section. In the Writing Section, Middle level students will be presented with a choice of two creative prompts, and Upper level students will have a choice of two prompts, either a creative prompt or an essay prompt. Additionally, some of the administrations of the SSAT will include an experimental section, consisting of 16 questions. This section is unscored, but features questions that may appear on future versions of the SSAT. Many editions of the test exist to ensure that no student takes the same SSAT twice.

Also available from the SSAT website is the Standard Application Online, the SAO. This is an online application that will allow you to fill out one application and send it to multiple schools at once. Using the SAO means you only have to write your application once. Over 600 schools accept the SAO, saving you time during the admissions process and allowing you the ability to monitor your application online.

Be thoughtful and take care when completing your applications. Admissions officers will often compare your application essay to your Writing Sample from the SSAT to ensure you are representing your ability honestly. You should know that your testing is only one piece of the admissions process. Schools will use it, along with your application, teacher recommendations, personal interview, and transcripts to assess your match as an applicant who will find success at their school.

Kate Auger-Campbell

Director of Outreach | SSATB

通往彼岸的桥梁

在出国求学的热潮中，能够进入一所理想的、具有国际先进水平和教学理念的学校（大学或中、小学），除了学生本人的努力和实力，为学生穿针引线、具体操办的相关中介机构，无疑也具有十分重要的作用——他们的资质、眼光、责任心和判断力往往会对准备赴外留学的学生产生特殊的影响。

眼下的中国，为众多莘莘学子出国求学或为诸多城镇居民赴外定居的中介机构越来越多，怎样才能识别、评估他们的优劣，从而将自己的赴外事宜托付于他们呢？窃以为，一家优秀的中介机构，至少需要具备以下三方面的条件：首先，应该拥有一支掌握最新资讯、精通相关业务的专业团队；其次，这支团队必须富有崇高的敬业精神和责任意识，在工作中能处处显示出一丝不苟的职业素质；再次，有关经办人员具有知己知彼的特质，能为其委托人——尤其是学生，落实到最适合其学习、生存、发展的去处（大学或中、小学）。

正是基于这样的认知，当我的女儿初中毕业后向她的父母亲提出想赴国外读高中，开阔一下眼界、独立面对生活的请求后，我便很自然地想到了 Lucy，想到了这位年轻的领军人物所领导的海移公司——我的很多朋友都曾向我介绍了她和她的团队；我在相关媒体上也读到过介绍他们不凡业绩的文章。

当我将女儿赴外求学的事宜正式托付给 Lucy 和她的团队后，我才真正领略了这支特殊团队的工作作风和办事能力：他们多次不厌其烦地找我女儿面谈，以此更深入地了解、掌握她的学习情况和个性诉求；他们又富有针对性地联系了海外的多家学校，将报考学生的详尽材料高效地发给有关负责人员；同时，他们还根据自己多年来积累的丰富经验，向我们提出了诸多建设性的意见和建议，以使女儿赴外求学事宜进展得更加顺利，更加完美……

现在，我女儿已如愿以偿地进入了加拿大一所寄宿制高中念书（她同时考进四所重点高中）。前不久，应学校的邀请，我和夫人亲自送女儿赴加并参加了学校的开学典礼。据学校有关负责人介绍，这所百年老校曾培养出诸多优秀人才，目前在包括美国在内的美洲地区的高等中学中排名前十；我们又参观了绿树环抱的校园，这里处处洋溢着蓬勃的青春活力和浓浓的学习氛围——我们放心了，释怀了。从一定意义上说，为服务对象操办赴外事宜的中介机构就像横跨在江河上的一座桥梁——宽敞、结实的桥能将行走在桥上的人安全、顺畅地送达彼岸；反之，桥上的人就要小心谨慎、三思而行了。

上述文字只是我个人的经历和体验，供读者朋友参考。

桂国强

（中国出版协会理事，中国作家协会会员，文汇出版社社长）

绿树环抱的校园

做足功课，早作计划

《出国策》是一个新型创意的谈话性电视及线上节目，节目的主题围绕着所有和出国有关的新鲜事物，包括出国旅游、探亲访友、投资养老、移民定居、留学深造等等和出国相关的话题。作为《出国策》的总策划，我和我的团队面谈了很多业界的专业人士，很高兴认识了在为小朋友做人生规划非常有经验的Lucy。她毫无疑问地成为我们留学话题最受欢迎的嘉宾之一，无论是签证、学校申请、家长考察、国际教育计划、名校申请技巧、面谈攻略，甚至形象及礼仪辅导等，都能很轻松自如地和其他嘉宾们聊出她的独特专业见解，她丰富的专业经验和高尚的职业操守，给了观众朋友很多中恳并且受用一生的建议！读者朋友们，出国留学是一件人生大事，尤其是为青春期的孩子的留学计划，可能是影响他们一生的重大决定，我诚意地建议家长要做足功课，不可盲目听信非专业人士的谣言，计划越早你的成功率就越高！也欢迎大家多多收看《出国策》！

傅小民

（中国首档出国咨询电视脱口秀《出国策》总策划）

Lucy与《出国策》总策划傅小民合影

《出国策》拍摄现场

家长的功课

我和Lucy初次相见是在2008年冬季TABS在上海的展会上。当时，我那个11岁的儿子四处乱窜，最后在一个叫海军陆战队预科高中（Marine Military Academy，MMA）的摊位上和人家聊了起来。以后的故事，被我收录在《跳出盒子：少有人走的路》一书中。

我的儿子，在13岁的时候，跑到美国Texas和墨西哥交界的一个小镇Harlingen，在当初参展的MMA军校里度过了难忘的一年。一年当中，我曾经四次来回，每次转三次飞机，到那个地方看望他，甚至认识了小镇上所有的出租车司机（总共有9个！）。这一年，我眼见一个娇生惯养的小宝贝，变成了一个懂事、有责任心的小男人。后来，也是缘分，我的儿子竟然被美国首都华盛顿的一间私立学校录取——虽然有 Lucy的牵线搭桥，更重要的是，那个学校曾经是我心中的梦。当Lucy提到这个学校的时候，我只有尖叫的份儿。

故事从2008年秋天开始，那时金融危机开始了。我的“生意”清淡，但我有了更多的时间，于是决定投资自己，到美国华盛顿礼仪学院进修，顺便得到“国际商务礼仪和外交礼节顾问”的称号。那个进修学院，是1988年白宫的一些外交官，看到美国企业家、政府官员、甚至老百姓，到了其他国家，不懂别人的文化和思维方式，出了很多洋相，所以致力于改善这种状况，而建立的一个培训学院。至今，来自世界各地超过60个国家的近万名专业人士，在这里获得了和我一样的资格。而中国大陆，只有我一个。每次在给企业客户演讲交流的时候，我都呼吁他们告诉其他有识之士，去那里或者类似的地方学习充电。我深信，如果有一千或者一万个中国人去接受这样的熏陶，我们的国家一定不一样了。

在当时学习的间隙当中，我去了华盛顿看望我的朋友。有一位好朋友蒋伟华女士(世界银行的工作人员,出生于上海)带我到了今天儿子就读的那间学校。学校的旁边是华盛顿国家教堂。小蒋把我领进教堂，我看到的所有一切，令我震撼。美国的历史虽然短暂，但是，这个建立在基督教新教基础上的国家，是人类社会的奇迹。华盛顿国家教堂，曾经为无数位在美国历史上为社会进步作出贡献的人士举办过葬礼。美国人说：你不能选择你在什么地方出生，但是你可以选择在什么地方举办你的葬礼。海伦·凯勒，凯瑟琳·格拉汉姆……你们都应该知道她们是谁。

华盛顿国家教堂有个基金会，他们资助了一个男校和一个女校。曾经一位第一夫人（布坎南总统的侄女）竭尽全力，帮助成立了教会所属的学校。有一位卓著的校友，是万豪酒店的掌门人，他捐助了学校的教学大楼，并请世界上最著名的建筑设计事务所 SOM 承接了项目。学校的“万豪楼”曾经被数家专业设计公司奉为佳作。呵呵，这叫见识吧。

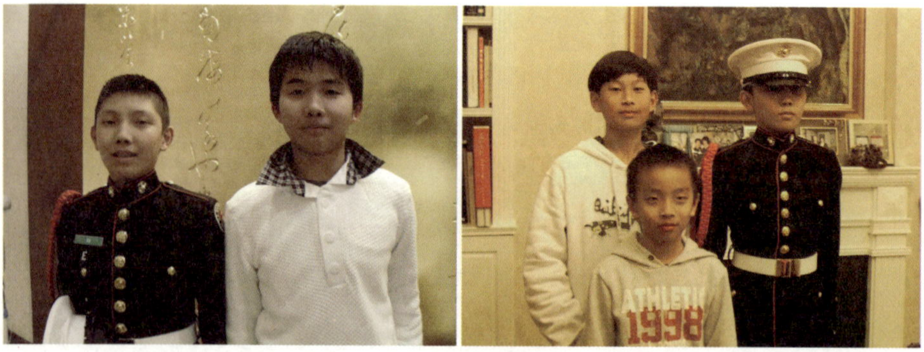

军校生 Humphrey 与玩伴

Humphrey 与中国学生分享他在学校的经历

我非常高兴我有机会把儿子送进这个基金会的男校接受教育。其实，我的儿子的所谓考试分数，属于很一般的水平。当我们接到录取通知书的时候，Lucy 严肃地告诉我："村长，人家不是在面试孩子，是在面试你！"我记得，当时，我们非常真实。儿子穿着军校的制服，规规矩矩地坐在那里，我和学校招生办的老师聊天：聊文化，聊历史，聊见识。

我的家人愿意接受美国的精英教育，是因为我们十分认同美国的教育方式。我的理解是，对于教育的认同，应该遵从这样一个逻辑：1. 了解 Understanding；2. 融入 Adaptation；3. 创新 Innovation；4. 回馈 Contribution。

送孩子到国外读书，我的观点是：家长要做功课！

1. 为什么

坦率地说，因为历史的原因，使我们的国家和社会成为了一个不那么发达的文明。20 年前，我带着中国大陆的企业家到欧洲的资本市场去融资，结果一败涂地。我还被老板的老板指着鼻子骂：Shirley，your people are miles behind. 人家用最通俗的英语告诉我——你们还差得很远。

好在我就是一个知难而进的“厚脸皮”。在经历了各种各样的“溃败”之后，痛定思痛，开始努力学习。过去的20年中，我去了世界50多个国家，见识了各种各样的生活方式、价值观。我甚至曾经一度要移民到加纳这个国家，因为我看到那里的黑人朋友活得都很开心。

19世纪中叶，美国的总统林肯结束了黑奴制度。20世纪的中叶，马丁·路德·金用生命换来了美国种族隔离制度的终结（在此之前，他获得了诺贝尔和平奖）。这已经是50年前的事情了。奥巴马总统宣誓就职的时候，手里握着的是当年林肯总统宣誓就职握着的圣经。今天在华盛顿的林肯纪念堂附近，伫立着马丁·路德·金的雕像。明年夏天，是他的“我有一个梦”的演讲50周年。

可是我在给MMA的展览摊位做义工的时候，见到一个家长，问我，“你们这个学校在什么地方？”我友善地回答：“先生，这个学校在得克萨斯的一个小镇上。”居然啊，这个在展览大厅里还带着个墨镜的男士，说出这样的话：“那个地方不灵的，黑人很多！”我盯着他“瞎”了的眼睛，义正言辞地说：“是的，先生，那地方黑人很多，墨西哥人很多，他们会吃了你的！”这个男人落荒而逃。我真的不知道这样的家庭想从教育中得到什么！

去年的圣诞节，我去美国看儿子，他除了告诉我语言课程很难，因为大家都在谈论莎士比亚、普希金，他还告诉我：“妈妈，我们宿舍里那些黑人同学很厉害的，除了体育特别棒，性格也很开朗，我为他们骄傲，因为他们都是家里第一代人，可以到我们学校接受教育的。”然后，他盯着我说：“你别误会啊！”我说：“亲爱的，我知道，这跟钱没有关系。”

如果您还不知道美国是什么，为什么把孩子送到美国去接受教育，那你还是自己先“再教育”一把吧。

2. 了解什么

中国教育的失败在于：我们的孩子从小就没有了好奇心，3岁的小孩，被父母抱着去读什么Early MBA，却没有父母花些时间投资自己的成长（我想起昂山素季的一句话：女孩子/女人，如果不阅读，就是没有香味的花！）。当我在 MeToWe 的课堂上问孩子们："人类如果没有好奇心，现在应该在哪里？"孩子们看着我，疑惑地回答："应该在山洞里吧？"

看到这里，你可不可以问问自己，既然要把孩子送到一个遥远的国度去接受教育，那自己有没有读过几本关于美国的书？甚至问过自己：美国的"独立宣言"是怎样诞生的？为什么当时法国帮助美国从英国独立出来？东部为什么是美国文明的起源？西部为什么是科技进步和发明的圣地？为什么西班牙语在美国成为第二大语言？你了解自己孩子的优势吗？你愿意让他成为一个银行家，还是米其林三星的大厨？你知道格什温是谁吗？如果不知道，你为什么让孩子弹钢琴呢？谁是托马斯·杰佛逊？他给美国留下的精神遗产是什么？你希望孩子将来成为什么样的人？他愿意吗？

……

如果你还有一点点好奇心，请和孩子一起去读有分量的名著吧，不仅仅关于美国，而是要关于这个世界。同时，和他们一起了解在"城市与文明"这门课上所学习到的东西。

当然，你也可以看看，一个家长在学校毕业典礼上的演讲：你的性格，你的选择。

我儿子就读的那所学校的夏季校刊上，在一个很不起眼的地方，刊登了 80 个毕业生所就读的大学：几个哈佛，几个耶鲁，几个斯坦福，几个海军学院，……他们无所谓。因为他们关注的是：孩子的品格。

对于一个个人：品格决定了他的命运。

对于一个家庭：品位决定了它的命运。

爱因斯坦曾经如此这样教育学生。每次他的考试题目都是一样的，所以，有学生就问："教授，为什么每次考试的题目都是一样的？"爱因斯坦回答："因为答案是不一样的。"

家长们，做功课吧！

家长：雷屏

儿子留学中的点滴体会

儿子去美国读高中已经完成了整一个学年，从出国前的夏校、标准化考试培训到申请和录取，两年的时间孩子身上出现了翻天覆地的变化，感触最深的是——孩子的潜能是无限的，如果这个命题成立的话，那家长该做的就是“信任”。

孩子让我感到变化大是在第一次去美国夏校回来，突然发现他对艺术产生了浓厚的兴趣，这是一个平时都不会触碰画笔的孩子身上发生的变化，看了老师的评语我明白了，老师的鼓励和信任给了孩子莫大的勇气。这给了我很大的启发，处于青春期的孩子普遍存在逆反的现象，一次在我跟孩子的交流中获悉，孩子最反感的就是家长总爱挑孩子的毛病和不足，于是他们就觉得“反正我怎么做都是令你们不满意的”这样结论，而家长总是觉得“我们这都是为了你好啊”，这两句话构成了在青春期教育中的最大的一对矛盾。

经过反思，我们家长开始意识到这个矛盾的存在，如果双方都据理力争的话是不利于事态的改变的，于是从此我们开始有意识地慢慢学会放手，给予孩子更大信任，留学又无疑在物理上帮助去实现这种放手，我们是少数从申请开始至今没有去过美国的家长之一，所有的事情必须由孩子自己去处理和完成，我们家长能做的就是给予一定的方向性的提示，并加以鼓励。

印象最深刻的是开学后的3个月左右，新鲜感已经过去，随之而来是些许的失落，因为10年级才去美国的缘故，在课程上没有9年级的过渡，加之学校的学术选课制度相当严谨，他付出了超常的努力，做到了在同级别难度课程学生中的最优秀，可还是因为没有提升难度级别而感到沮丧，我当时也替他着急，急的不是GPA而是孩子的心态，但是家长不在身边，能给予的只有鼓励和冷静的分析，鼓励他跟自己的指导老师敞开心扉，当然我也跟他在国内的海移留学的顾问交流，得到的答案是，通常在这个阶段的孩子遇到这样的心理困惑是很正常的事情，劝我放宽心并相信孩子能闯过难关。当圣诞节回国休假时，孩子已经顺利地在老师的疏导下放平了心态，由此还收获了意外惊喜，孩子因此学会了跟学校各科的老师交流和沟通，特别是学术上交流帮助孩子的成绩稳步上升。当然这里不得不说美国私立寄宿教育的优势了，首先是老师的资质都非常好，小班化和1：7的师生比使得孩子能得到更多的人文关怀，老师住校也使孩子可以常常约见老师，在课后的辅导和交流。

一年中，从开始刚出国时的惴惴不安到坦然自若；从每周一次的视频到每月都不一定需要一次；从对学术的困惑到独立完成对新学年的所有选课；从千叮咛万嘱咐，到暑假前自己打包整理带着学弟单独去机场。当孩子再次出现在亲朋好友面前的时候，家长明显感觉到孩子的谈吐充满了自信。

通过留学孩子增强了自信，家长学会了放手，如果让我再选择一次的话，我想说的是："再早一点出去吧！"

家长：应剑锋

放开青春的视野去体会

——毕业生的话

在青春期那么不安定的年龄段只身到了加拿大，开始属于我可以自主独立的留学生涯。即使到了现在，我仍然觉得当初我父母比我有勇气，做出了让我一个人出国的决定。

回头看看这么多年在加国的日子，从严谨的军事化高中住校生活，到出了社会在如此多元、多种族的环境里和大家一起为生活拼搏。若问我到底在异乡求学需要有什么样的准备，我觉得，要先学会放开自己，让文化冲击你。

先不说加拿大这几个出名的学府在学科的教育是多么精英化的严苛要求。在我当时处于想要叛逆、特立独行的年少轻狂时期，倒是因为几位老师的观点让我愿意放开自己，倾听各种不同声音。

我一直觉得有机会在异国求学这件事情绝对不是在分数与作业上琢磨，而是在各种与原先生长环境不同的社交场合、文化习俗下，产生多次的中西方文化矛盾、冲击、抉择、判断，消化成自己人生的累积。

青春的可贵是有足够的本钱和宽容，在没有敌意和成见下接纳新鲜的观念进入生活。我并不是在提倡年少及时行乐这种观念，而是觉得这么精华的时间若只单单消磨在教科书与GPA够不够这件事情上，那何必千里迢迢地飞越太平洋作个书呆子呢?

在这里，每天都可以打开视野一点点，因为有非常多不同种族的文化在身边交流，只要愿意敞开自己去体会，那是别人再怎么高分的 GPA 也成就不了的人生学府。

青春，就应该放开视野，认认真真地去体会。

陈修侃

（加拿大圣安德鲁斯中学校友。文化创意人，作家，资深媒体人，国际品牌代言人，复旦大学新闻学博士，陕西师范大学新闻学院研究生专业导师。）

我眼中的中国学生

我是菲利浦中学的美国学生，以下是我对我们学校的中国留学生的一些观察和建议，希望可以帮助各位读者。

1. *在最初的几周*

我发现，国际学生更孤立并且在寄宿生活的开始不大与人沟通，或与其他国际学生待在一起。然而，经过几周的时间，这一趋势往往会变化，本土学生和国际学生会开始在一起交流，学习彼此的文化和习俗。但是有些比较害羞的中国学生，我很少在课堂以外的活动中见到他们。

我的建议是，愿意将你自己推出舒适区之外，乐于认识结交新的国际朋友。我有一些最好的朋友来自中国和韩国，我们不仅在教室里互相倾听、学习，在课堂外也是。他们在餐厅用筷子吃他们的食物，并教我如何用筷子吃我自己的食物，有时放假我们还一起去唱卡拉 OK，饿了就到外面随便买一个汉堡充饥。当这种跨文化交流以朋友的形式发生时，你会发现它充满乐趣。但这只有在保持各自文化的独特性，并且双方都愿意尝试新事物的情况下才会发生。另一个好处是，如果我去中国和韩国，我有朋友可以陪伴，就像他们来到美国知道我会陪在他们左右。

2. *有关学术*

我的观察是，当涉及到数学推理能力，在我们学校的中国学生往往是一流的。我们学校最优秀的数学和科学的学生往往是中国学生，他们在校园广受尊敬，并不时被大家求助。然而，在需要更多讨论和写作的学习中，他们通常表现得不似数学那么好。尤其像在埃克塞特这种讨论和写作都很卓越的学校，这种能力的培养就显得尤为重要。

我的建议是，要对自己的口语有信心，即使你对自己的英语有点担心。不要只关注老师，同时也和周围和身边的同学交流。如果你的写作较弱，试着多一些阅读，特别是19世纪和20世纪的文学作品，遇到不认识的单词要注意查字典，并通过效仿开始你的写作。如果你还需要帮助，不要犹豫，找个朋友通读你的论文，或者在课堂以外练习讨论一下。在一两周之内，无论在课堂上还是课外，你都会对写作和口语感到更加自信。

Brandon Kaplowitz

（菲利普学院12年级学生，校刊头版记者，共和社团副主席）

（原文）

Chinese students in my eyes

I am an American student in Phillips Exeter Academy and bellow are some observations and suggestions on Chinese students in my school and I write them in the hope that it can help the readers.

1. On First Couple Weeks

I have found that international students tend to either be more insular and stay separated at the beginning of their boarding school experience, or tend to form groups with other international students. However, after a couple weeks in, this trend tends to fall apart, and domestic and international students intermingle, learning different cultures and customs from one another. In a few cases, this doesn't

美国 Phillips Exeter Acaderny 数学小天才

happen, and in those cases, as a domestic student, I never really get to see those students outside of the classroom.

My advice would be, be willing to push yourself outside of your comfort zone, meeting and befriending new people both international and domestic. Some of my best friends come from China and Korea, and we listen and learn from each other not only in the classroom but outside of it as well. They will eat their food at the dining hall with chopsticks, and teach me how to eat mine that way, and later on we will sing k-pop together, and then go out and grab a hamburger. Its really fun when that kind of crosscultural exchange can happen as friends, but it only happens when both sides are willing to try new things, while still keeping what's culturally unique to them. Also another advantage that happens with those crosscultural exchanges, is that if I ever go to China and Korea, I have friends to stay with, just as my Chinese or Korean friends know they can stay with me.

2. Education

My observation is that when it comes to quantitative reasoning skills, Chinese International students tend to be superb. Some of my school' s most qualified mathematics, and science students are Chinese International students, and they are widely respected on campus, and sought out for help. However, on learning that requires more discussion and writing elements they tend to be weaker, which is especially important in a school like Exeter, where discussion and writing are preeminent.

My suggestion, be confident in your speaking, even if you feel a bit insecure about your English. Don' t focus only on the teacher, but also look around and talk to your peers. If your writing is weaker, try reading English literature, especially 19th and 20th century, look up vocabulary you don' t know, and begin to develop a style by emulating. If you still need help, don' t hesitate to seek out a friend to read over your papers, or practice having a discussion with outside of the classroom. Within a couple weeks, you' ll be feeling more confident in writing and speaking, both inside and outside the classroom.

Brandon Kaplowitz

Phillips Exeter Academy grade 12 student

Exonian front page News Editor

co-head of Exeter' s Republican Club

我在美国中学的学习和生活

我是Andrew，2009年9月去美国寄宿中学读9年级，我当时选择了位于弗蒙特州的St. Johnsbury Academy。今年已是第三年了，我现在已经完全适应了美国的学习生活，交到了很多来自不同国家的朋友。美国的学习压力很大，但我觉得每天都过得很充实。

不过刚开始时并不是很顺利。由于我之前在国内的英文基础不好，虽然St. Johnsbury Academy提供了ESL的初级课程，可一开始上初级ESL课程时，由于我的词汇量太少，所以不能听懂老师所讲的内容，当然也无法积极参与到课堂的教学活动中去，我很苦恼。虽然下课后我花了很多的时间，可是依然没有成效，由于语言的困难，再加上当时生活上的不适应，我的情绪很低落，甚至想逃避这一切。老师发现了我低落的情绪以及课堂的表现，耐心地与我沟通，知道了我的问题所在。后来经过讨论，学校专门为我开设了Pre ESL课程。在Pre ESL的学习中，我的英文逐渐取得了进步，老师还经常在课后给我辅导，我开始逐渐对自己有了信心，在课堂上我也能和老师进行讨论了。经过一学期的努力，我完成了Pre ESL课程的学习，第二学期顺利进入到了正式ESL课程的学习。我和我的父母为此非常感谢学校为我做的努力，也真正体会到美国个性化的教育。

另外还有一件事情也让我印象深刻。记得有一次打篮球，我摔了一跤，当时腿就肿了，校医检查后立刻给我做了冷敷，然后让我回宿舍休息。腿很疼，可是为了不耽误课程，第二天我还是忍着疼痛去上课，正好家里那天给我打电话，我把摔跤的事情告诉了家里。于是家里人就开始紧张，写信给学校，要学校带我去医院拍片子，怕骨头伤到了。学校当时就回复说观察观察再说，我既然能去上课，说明没有太大问题。可父母不这样想，他们想我是忍着疼痛去上课的，并不表示没问题，若拍了片子，大家都放心；但学校确坚持要继续观察，他们认为不能随便拍片子，这对学生身体不好。当时为了这件事情，我父母很不理解，妈妈在情急之下买了机票来到美国。可一周之后，肿慢慢消退，疼痛也减轻了，开始有了好转迹象。现在想来其实是一些观念上的差别，美国人在看病用药方面是非常谨慎的，他们其实真的是非常关心每一位孩子。

这三年的美国学习生活让我有很多的收获，让我的身心得到了很大的锻炼。除了学习之外，我参加了很多的课外活动，这次回去之后我准备筹办一个 Tea Club，希望在学习美国文化的同时，也把我们的中国文化带到美国去，让中西方文化得到更多的交融。

Andrew

勇敢女生的留美历程

2009年8月26日，我一个人在飞了14个小时后抵达了这个到现在为止已经度过了整整三年时光的国家：美国。那年我14岁，去美国东北部一所混合寄宿高中读9年级（相当于国内高一）。

我的个性其实非常普通：对自己有把握的事很自信，但是对没把握的事就有点恐惧了，虽然心里还是有股倔劲儿在。在家里算是温顺的，爸妈也从来没对我操心过，什么事情基本都是我自己做决定，然后告诉他们，只要爸妈觉得OK，那就定下来了——就像我第一次跟他们提去美国读书的想法，他们没有马上答应，但在经过思考和商量后还是放手了。

因为我的坚持，爸妈都没陪我来美国——虽然之前跟他们一起来旅游过，但是这一次的体验完全不一样。8月份美国东北部的气候还是很宜人的，不过几个月过后的冬天还是让生长在中国南方的我很不适应。来了之后才发现原来自己的语言能力还远远不足以应对在美的学习和生活，当时内心倔强的我已经向可能面临的所有困难发出了挑战书。

我深深懂得在异国他乡要想融入他们的社会，除了克服语言关，还必须自己走出中国人的圈子，主动走进他们，尽量用他们的模式思考问题，去适应他们的生活方式，有时候甚至要开创引导一个自己的方式来影响他们。

有了这种想法，我就着手去做。

美国 Phillips Exeter Acaderny 的建筑风格是经典哈佛红

在用了 120% 的努力去应对平时课业和 ESL 辅导的同时，我开始利用自己的乒乓球技能和另外几个东亚同学创办学校的乒乓球社，起初确实影响甚微，后来我们代表学校参加了州际比赛并获得冠军，有了这个资本，我去找负责老师谈判要求他协助我们宣传乒乓球社。我们把比赛照片、赛事影响和意义、取得的成绩等等制作成传单、图片、视频等在校园里大力宣传。经过一段时间的努力，终于我们的付出得到了回报，吸引了不少白人同学参加。三年后的现在，我们的球社已经发展成为学校最活跃、成长速度最快的社团了。

当然这个故事仅仅是我三年留美学习的一个片段。我承认这三年中我付出了很多，有泪水、有委屈、有不服，但更多的是有收获、有成长、有快乐。

马上我就要申请大学了，我知道新的一个四年又是崭新的一个轮回，我必将像战士一样昂首阔步，一直向前!

米米

附录

常用网站

以下网站在申请过程中可能会对你有帮助：

（1）TABS 北美寄宿中学协会：www.boardingschools.com www.tabs.org

（2）加拿大寄宿中学协会：www.cais.ca

（3）北美私立学校协会：www.nais.org

（4）美国驻华大使馆：www.beijing.usembassy-china.org.cn

（5）加拿大驻华大使馆：www.canadainternational.gc.ca/china-chine/

名词解释

（一）TOEFL

TOEFL（The Test of English as a Foreign Language，简称 TOEFL）是由美国教育测验服务社 ETS（Educational Testing Service）在全球所举办的的英语能力考试，全名为“检定非英语为母语者的英语能力考试”，中文音译为“托福”。其目的在于测试考生的英文听力、口语、阅读和写作。托福成绩是想申请北美留学的国际学生的基本要求之一。TOEFL 有三种，分别是：PBT—paper based test（纸考，677 分），CBT-computer based test（机考，300 分），

iBT—internet based test（网考，120分）。TOEFL考试的有效期为两年，是从考试日期开始计算的。例如：2003年1月18日参加考试，这次考试成绩的有效期是从2003年1月18日到2005年1月18日。

新托福满分是120分。新托福由四部分组成，分别是阅读（Reading）、听力（Listening）、口试（Speaking）、写作（Writing）。每部分满分30分。其中Reading部分包括3~5篇学术文章，大约700字长，题数36~37题，时间60~100分钟，分数0~30分。Listening部分包括4~6篇课堂演讲、讨论，每篇3~5分钟、6个问题。2~3篇校园对话，每篇3分钟、5个问题。题数34~51题，时间60~90分钟，分数占0~30分。Speaking部分包括两组独立口试题和四组根据阅读和听力内容的考题。Writing包括一题整合写作，根据阅读和听力内容和一题独立写作，支持一个论点。新托福80相当于老托福550分，新托福100相当于老托福600分。

TOEFL考试信息查询：www.ets.rog/toefl

（二）TOEFL Junior

TOEFL Junior，即初中托福。是ETS美国教育考试服务中心专为全球11~15岁中小学生开发的权威英语能力测试。该考试不仅可以作为中小学生北美高中留学的英语能力认证，更可以测评现阶段学生的英语水平，为提高英语能力或者将来参加托福考试提供权威指导，是ETS托福家族最新成员（Educational Testing Service，美国教育考试服务中心）。

TOEFL Junior主要由三大部分组成：听力、语言形式和含义（可以理解为语法和词汇）、阅读。考试时间大概两个小时，满分为900分。

（三）SSAT

全称Secondary School Admission Test，中文名称为“美国中学入学考试”，适用于美国、加拿大私立中学的入学，是申请者所必须具备的一个考试成绩。目前大多数优秀的美国寄宿中学要求国际学生提供SSAT成绩作为申请的参考标准。在中国大陆，每年11、12、1、3、4月举行五次SSAT考试。SSAT主要测试学生的数学、英文程度及理解力。考试分为数学、词汇、阅读三大部分，另有作文（不记分）。有低阶（5~7 年级的考生），满分为 2130 分；高阶（8~11 年级的考生），满分为 2400 分，两种考卷。SSAT 分为写作和选择题两种题型。选择题均为 5 选 1，答题方式为填写答题卡（考试时一定要记得带铅笔和橡皮）。写作为第一部分，考试时间为 25 分钟。这部分要求考生通过例子来支持或反驳一个观点。所举的例子可以来自个人经历、历史、文学等等。这部分内容不计入总分，但会随其他部分的成绩寄送到所申请的学校。校方会根据需要，对之进行评估，并作为录取的参考依据之一。接下来的四个部分均为选择题，包括数学两个部分（各 30 分钟，各 25 题）、语文（30 分钟，60 题）、阅读（40 分钟，40 题）。

SSAT 考试信息查询：www.ssat.org

（四）ISEE

ISEE 是 Independent School Entrance Exam 的首字母缩写，即为“独立学校入学考试”。ISEE 由独立学校入学考试办公室（ISEE Operations Office）和位于纽约的教育档案局（Educational Records Bureau）主办，主要考察学生的文字和数字的推理能力。如同 SSAT 考试一样，ISEE 考试也有短篇的命题作文，虽然作文不记分，但会被送到报考学校的招生部门作为录取的参考。为了照顾学生随时入学，ISEE 设置三个级别的测验：初级测验对象在读 5~6 年级，欲申请入读 6~7 年级的学生；中级是在读 7~8 年级的学生，欲申请 8~9 是年级入学者；高级是在读 9~11 年级学生，欲申请入读 10~12 年级者。

（五）SLEP

SLEP 是 Secondary Level English Proficiency Test 的缩写，即“中学生程度英语水平考试”（母语为非英语国家的学生初中、高中的英语能力测验），形象地说就是初中生、高中生的托福。SLEP 考试分听力和阅读理解两大部分。SLEP 考试属于非官方的考试，其考试成绩只能用作参考。

TABS 成员学校地理位置分布图

Eastern United States *(New Jersey and New York)*

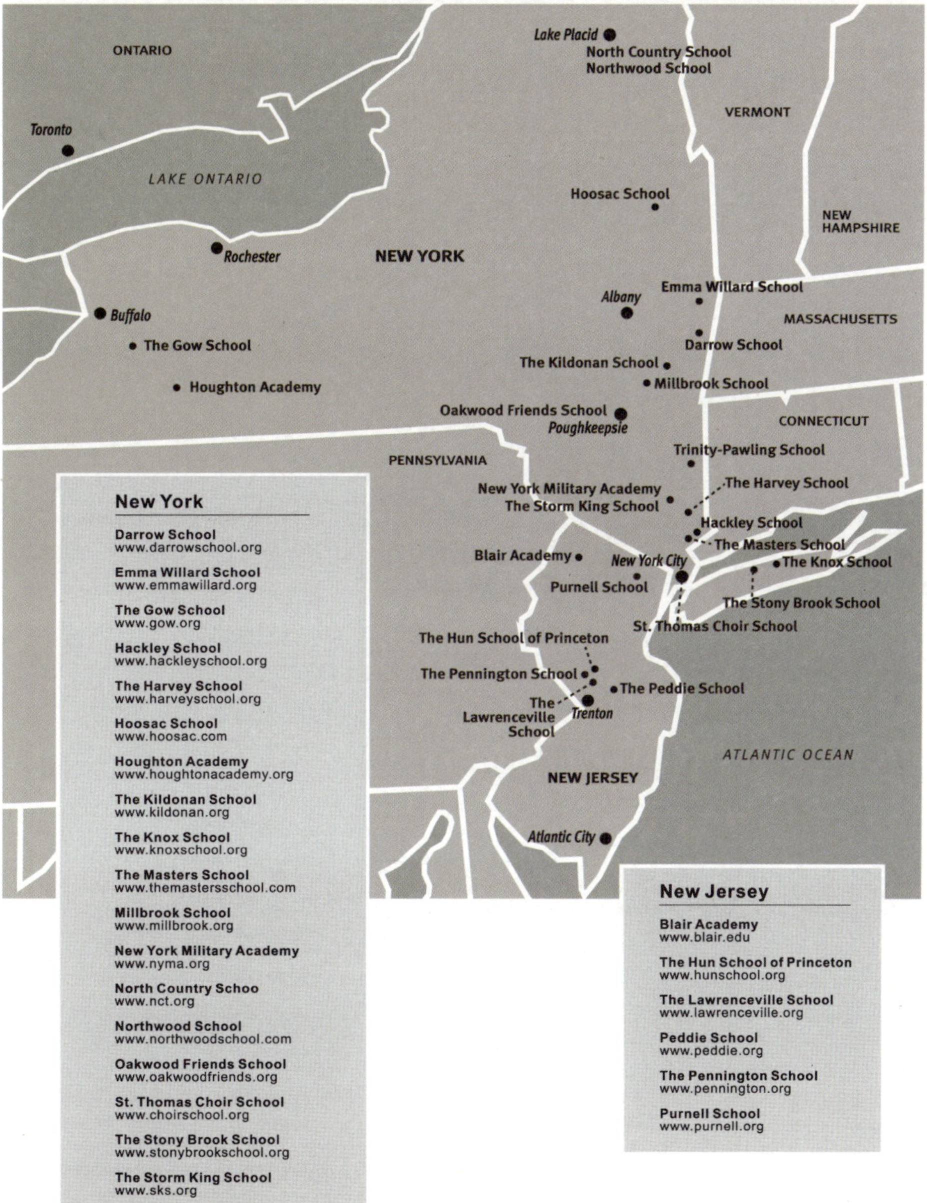

New York

Darrow School
www.darrowschool.org

Emma Willard School
www.emmawillard.org

The Gow School
www.gow.org

Hackley School
www.hackleyschool.org

The Harvey School
www.harveyschool.org

Hoosac School
www.hoosac.com

Houghton Academy
www.houghtonacademy.org

The Kildonan School
www.kildonan.org

The Knox School
www.knoxschool.org

The Masters School
www.themastersschool.com

Millbrook School
www.millbrook.org

New York Military Academy
www.nyma.org

North Country Schoo
www.nct.org

Northwood School
www.northwoodschool.com

Oakwood Friends School
www.oakwoodfriends.org

St. Thomas Choir School
www.choirschool.org

The Stony Brook School
www.stonybrookschool.org

The Storm King School
www.sks.org

Trinity Pawling School
www.trinitypawling.org

New Jersey

Blair Academy
www.blair.edu

The Hun School of Princeton
www.hunschool.org

The Lawrenceville School
www.lawrenceville.org

Peddie School
www.peddie.org

The Pennington School
www.pennington.org

Purnell School
www.purnell.org

美国东部（新泽西州和纽约州）

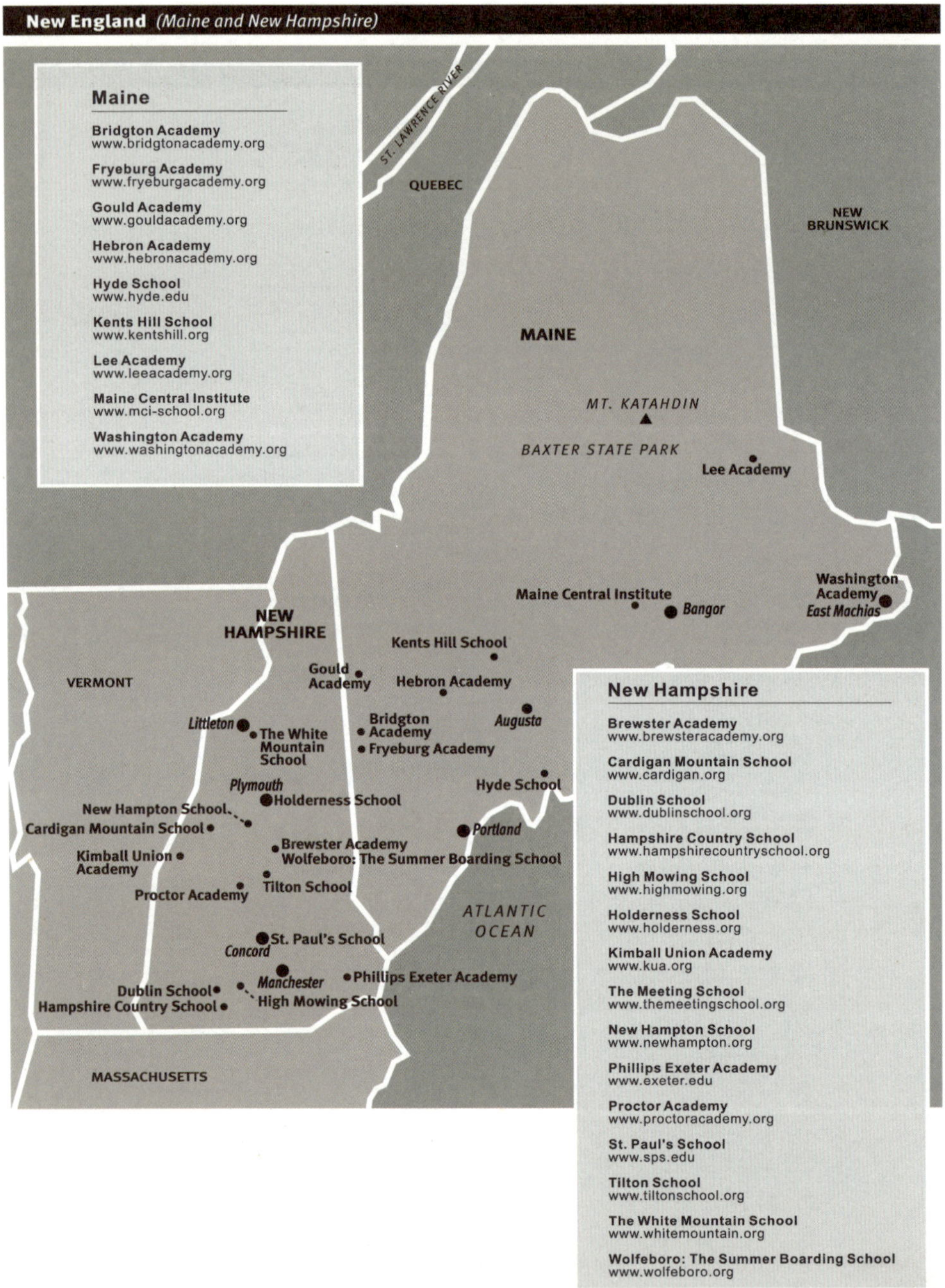

美国新英格兰地区（缅因州和新罕布什尔州）

New England *(Massachusetts and Vermont)*

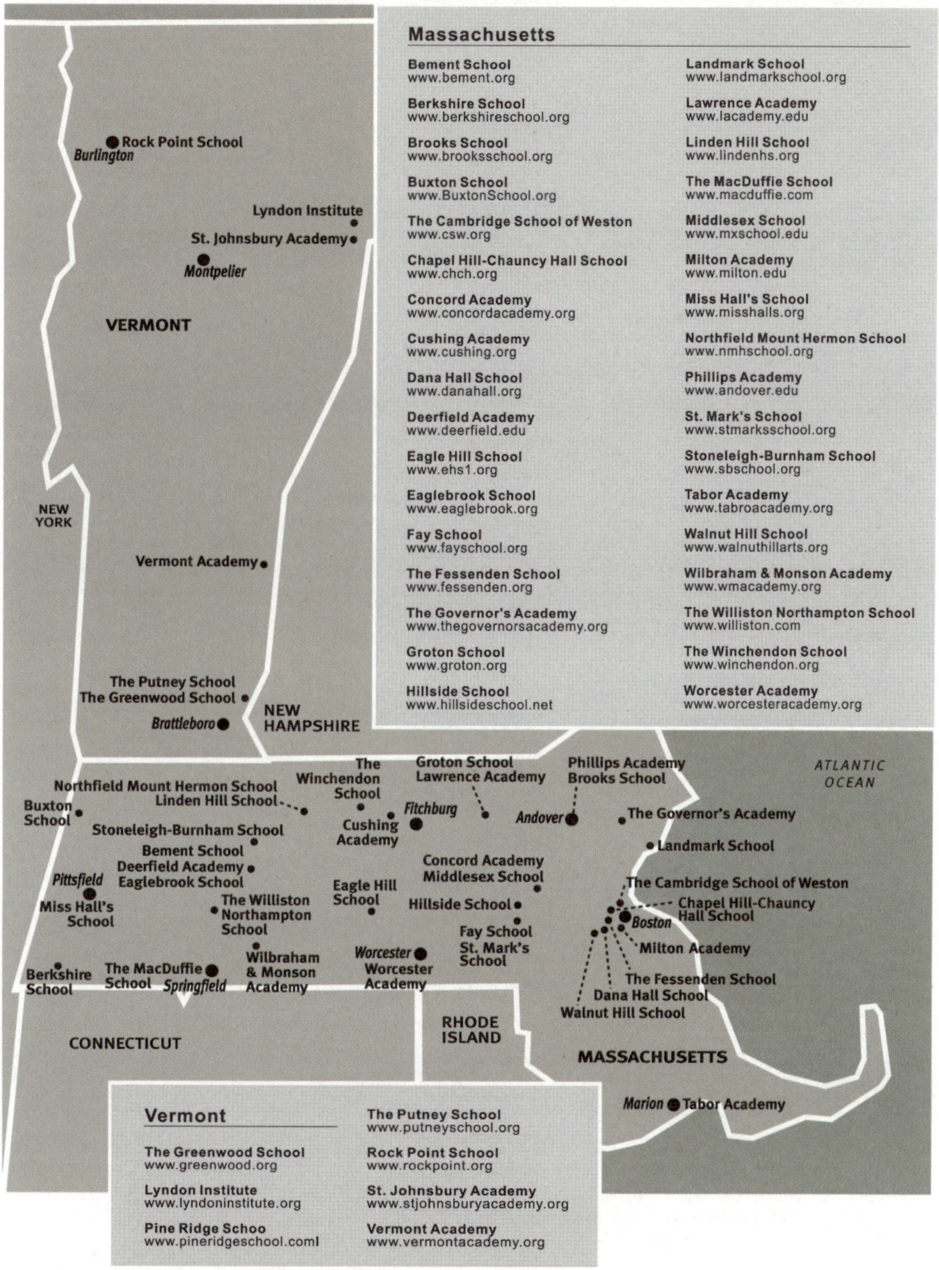

Massachusetts

Bement School
www.bement.org

Berkshire School
www.berkshireschool.org

Brooks School
www.brooksschool.org

Buxton School
www.BuxtonSchool.org

The Cambridge School of Weston
www.csw.org

Chapel Hill-Chauncy Hall School
www.chch.org

Concord Academy
www.concordacademy.org

Cushing Academy
www.cushing.org

Dana Hall School
www.danahall.org

Deerfield Academy
www.deerfield.edu

Eagle Hill School
www.ehs1.org

Eaglebrook School
www.eaglebrook.org

Fay School
www.fayschool.org

The Fessenden School
www.fessenden.org

The Governor's Academy
www.thegovernorsacademy.org

Groton School
www.groton.org

Hillside School
www.hillsideschool.net

Landmark School
www.landmarkschool.org

Lawrence Academy
www.lacademy.edu

Linden Hill School
www.lindenhs.org

The MacDuffie School
www.macduffie.com

Middlesex School
www.mxschool.edu

Milton Academy
www.milton.edu

Miss Hall's School
www.misshalls.org

Northfield Mount Hermon School
www.nmhschool.org

Phillips Academy
www.andover.edu

St. Mark's School
www.stmarksschool.org

Stoneleigh-Burnham School
www.sbschool.org

Tabor Academy
www.tabroacademy.org

Walnut Hill School
www.walnuthillarts.org

Wilbraham & Monson Academy
www.wmacademy.org

The Williston Northampton School
www.williston.com

The Winchendon School
www.winchendon.org

Worcester Academy
www.worcesteracademy.org

Vermont

The Greenwood School
www.greenwood.org

Lyndon Institute
www.lyndoninstitute.org

Pine Ridge Schoo
www.pineridgeschool.coml

The Putney School
www.putneyschool.org

Rock Point School
www.rockpoint.org

St. Johnsbury Academy
www.stjohnsburyacademy.org

Vermont Academy
www.vermontacademy.org

美国新英格兰地区（马萨诸塞州和佛蒙特州）

New England *(Connecticut and Rhode Island)*

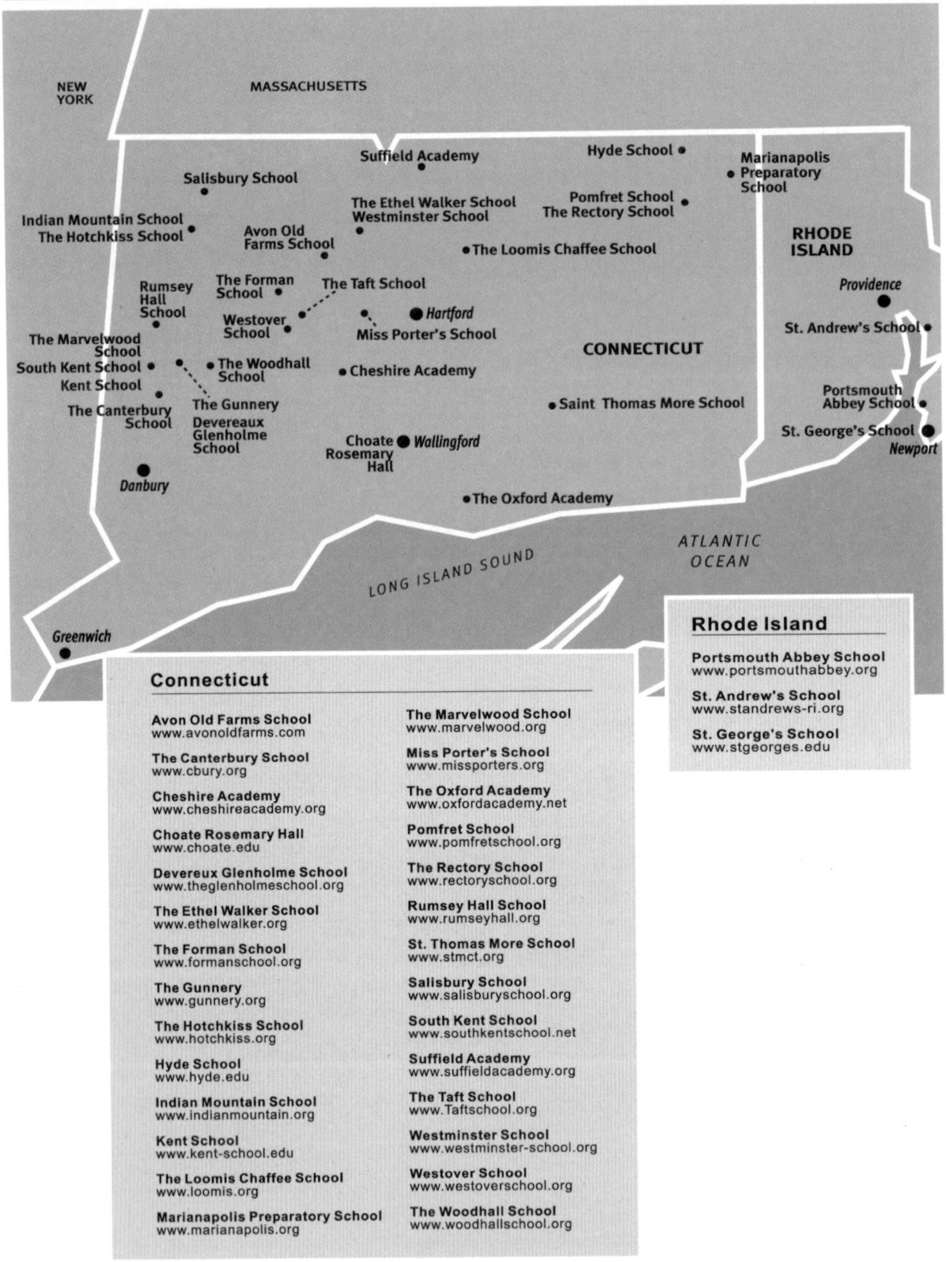

Connecticut

Avon Old Farms School
www.avonoldfarms.com

The Canterbury School
www.cbury.org

Cheshire Academy
www.cheshireacademy.org

Choate Rosemary Hall
www.choate.edu

Devereux Glenholme School
www.theglenholmeschool.org

The Ethel Walker School
www.ethelwalker.org

The Forman School
www.formanschool.org

The Gunnery
www.gunnery.org

The Hotchkiss School
www.hotchkiss.org

Hyde School
www.hyde.edu

Indian Mountain School
www.indianmountain.org

Kent School
www.kent-school.edu

The Loomis Chaffee School
www.loomis.org

Marianapolis Preparatory School
www.marianapolis.org

The Marvelwood School
www.marvelwood.org

Miss Porter's School
www.missporters.org

The Oxford Academy
www.oxfordacademy.net

Pomfret School
www.pomfretschool.org

The Rectory School
www.rectoryschool.org

Rumsey Hall School
www.rumseyhall.org

St. Thomas More School
www.stmct.org

Salisbury School
www.salisburyschool.org

South Kent School
www.southkentschool.net

Suffield Academy
www.suffieldacademy.org

The Taft School
www.Taftschool.org

Westminster School
www.westminster-school.org

Westover School
www.westoverschool.org

The Woodhall School
www.woodhallschool.org

Rhode Island

Portsmouth Abbey School
www.portsmouthabbey.org

St. Andrew's School
www.standrews-ri.org

St. George's School
www.stgeorges.edu

美国新英格兰地区（康涅狄格州和罗得岛）

Middle Atlantic United States *(Delaware, Disrict of Columbia, Maryland, Pennsylvania, and Virginia)*

Delaware

St. Andrew's School
www.standrews-de.org

District of Columbia

Kirov Academy of Ballet of Washington
www.ubacademy.org

St. Albans School
www.stalbansschool.org

Maryland

Garrison Forest School
www.gfs.org

Georgetown Preparatory School
www.gprep.org

Oldfields School
www.oldfieldsschool.org

Saint James School
www.stjames.org

St. Timothy's School
www.stt.org

Sandy Spring Friends School
www.ssfs.org

West Nottingham Academy
www.wna.org

Pennsylvania

Carson Long Military Institute
www.carsonlong.org

CFS, The School at Church Farm
www.gocfs.net

George School
www.georgeschool.org

Girard College
www.girardcollege.com

The Grier School
www.grier.org

The Hill School
www.thehill.org

Kiski School
www.kiski.org

Linden Hall
www.lindenhall.org

Mercersburg Academy
www.mercersburg.org

Milton Hershey School
www.mhs-pa.org

Perkiomen School
www.perkiomen.org

The Phelps School
www.thephelpsschool.org

Shady Side Academy
www.shadysideacademy.org

Solebury School
www.solebury.org

Valley Forge Military Academy
www.vfmac.edu

Westtown School
www.westtown.edu

Wyoming Seminary
www.wyomingseminary.org

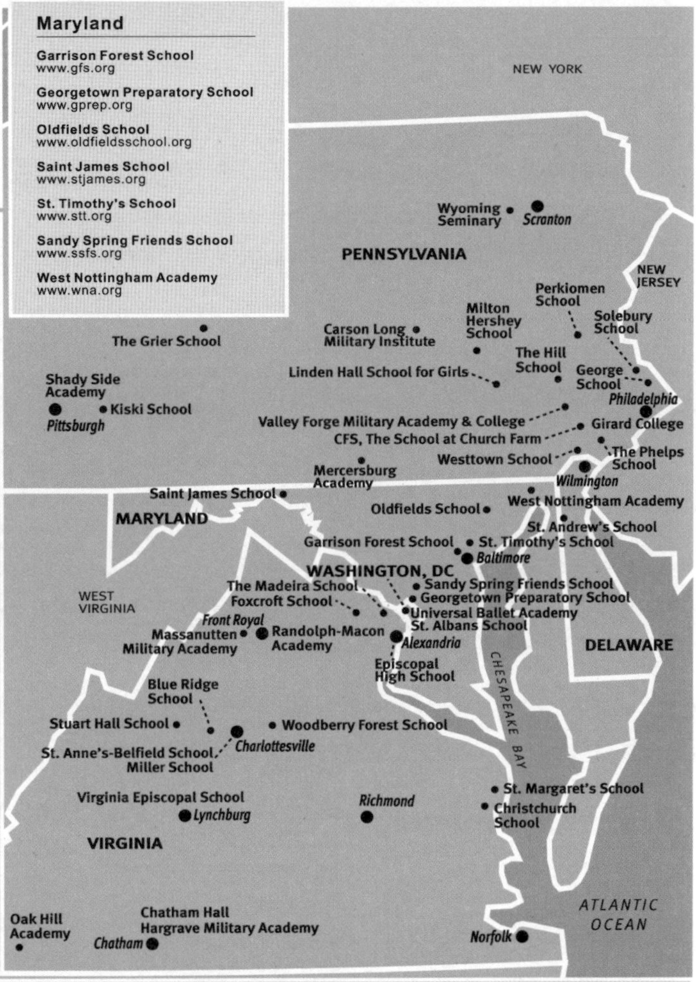

Virginia

Blue Ridge School
www.blueridgeschool.com

Chatham Hall
www.chathamhall.org

Christchurch School
www.christchurchschool.org

Episcopal High School
www.episcopalhighschool.org

Fishburne Military School
www.fishburne.org

Fork Union Military School
www.forkunion.org

Foxcroft School
www.foxcroft.org

Hargrave Military Academy
www.hargrave.edu

The Madeira School
www.madeira.org

Massanutten Military Academy
www.militaryschool.com

Miller School
www.millerschool.org

Oak Hill Academy
www.oak-hill.net

Randolph-Macon Academy
www.rma.edu

St.Anne's-Belfield School
www.stab.org

St. Margaret's School
www.sms.org

Stuart Hall School
www.stuart-hall.org

Virginia Episcopal School
www.ves.org

Woodberry Forest School
www.woodberry.org

美国中部亚特兰地区
（特拉华州、哥伦比亚区、马里兰州、宾夕法尼亚州、弗吉尼亚州）

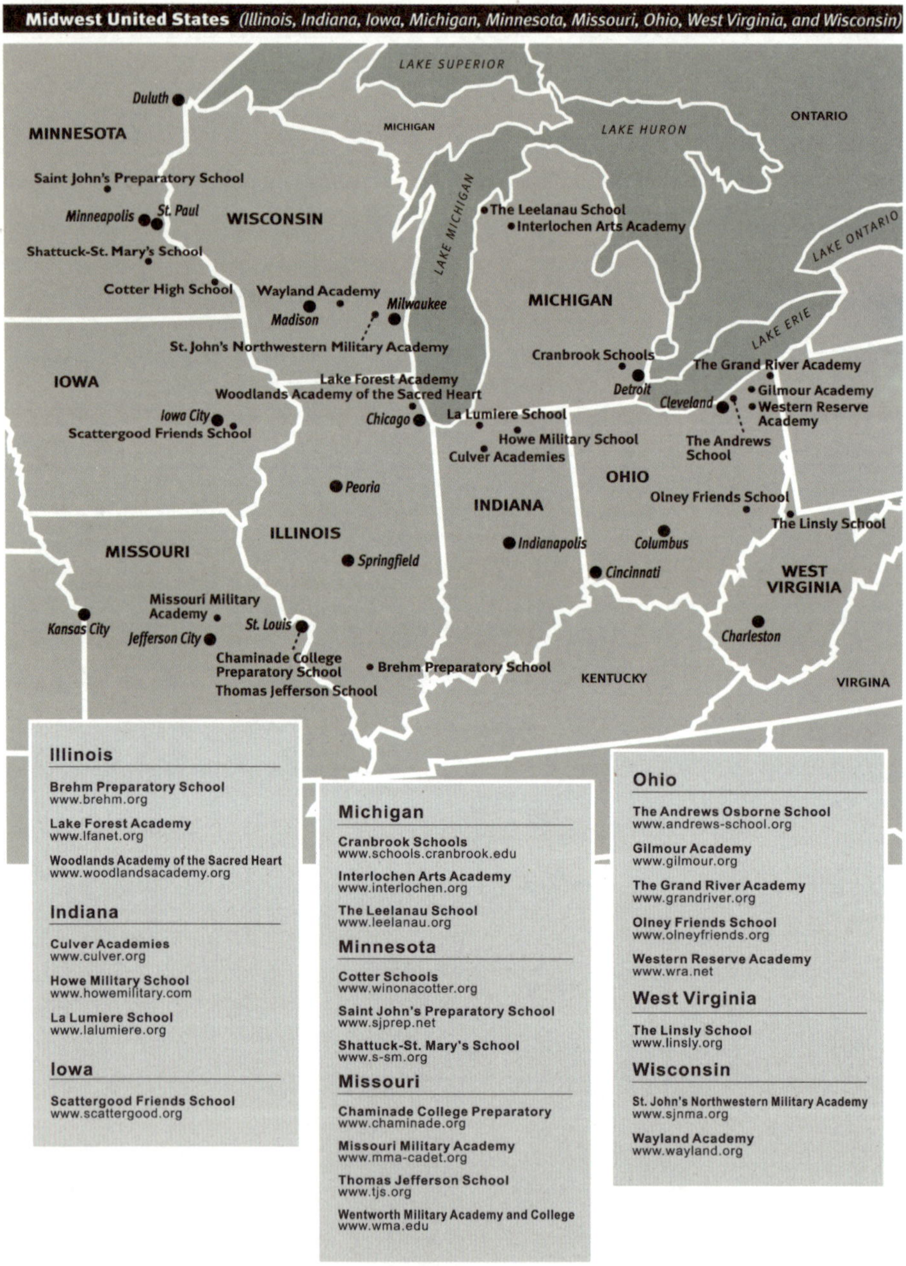

Illinois

Brehm Preparatory School
www.brehm.org

Lake Forest Academy
www.lfanet.org

Woodlands Academy of the Sacred Heart
www.woodlandsacademy.org

Indiana

Culver Academies
www.culver.org

Howe Military School
www.howemilitary.com

La Lumiere School
www.lalumiere.org

Iowa

Scattergood Friends School
www.scattergood.org

Michigan

Cranbrook Schools
www.schools.cranbrook.edu

Interlochen Arts Academy
www.interlochen.org

The Leelanau School
www.leelanau.org

Minnesota

Cotter Schools
www.winonacotter.org

Saint John's Preparatory School
www.sjprep.net

Shattuck-St. Mary's School
www.s-sm.org

Missouri

Chaminade College Preparatory
www.chaminade.org

Missouri Military Academy
www.mma-cadet.org

Thomas Jefferson School
www.tjs.org

Wentworth Military Academy and College
www.wma.edu

Ohio

The Andrews Osborne School
www.andrews-school.org

Gilmour Academy
www.gilmour.org

The Grand River Academy
www.grandriver.org

Olney Friends School
www.olneyfriends.org

Western Reserve Academy
www.wra.net

West Virginia

The Linsly School
www.linsly.org

Wisconsin

St. John's Northwestern Military Academy
www.sjnma.org

Wayland Academy
www.wayland.org

美国中西部
（伊利诺斯州、印第安那州、爱荷华州、密歇根州、明尼苏达州、密苏里州、俄亥俄州、西弗吉尼亚州、威斯康星州）

Southwest United States *(Arkansas, Arizona, Colorado, Kansas, Louisiana, and Texas)*

Arizona

The Fenster School
www.fenster-school.org

The Orme School of Arizona
www.ormeschool.org

Southwestern Academy
www.southwesternacademy.edu

Verde Valley School
www.vvsaz.org

Arkansas

Subiaco Academy
www.subi.org/academy

Colorado

Colorado Rocky Mountain School
www.crms.org

Fountain Valley School of Colorado
www.fvs.edu

The Lowell Whiteman School
www.lws.edu

Kansas

Maur Hill-Mount Academy
www.maurhillmountacademy.com

St. John's Military School
www.sjms.org

Thomas More Prep-Marian
www.tmp-m.org

Texas

The Brook Hill School
www.brookhill.org

The Hockaday School
www.hockaday.org

Incarnate World High School
www.incarnateworldhs.org

Marine Military Academy
www.mma-tx.org

St. Stephen's Episcopal School
www.sstx.org

San Marcos Baptist Academy
www.smba.org

TMI-The Episcopal School of Texas
www.tmi-sa.org

美国西南部
（阿肯色州、亚利桑那州、科罗拉多州、堪萨斯州、路易斯安那州、德克萨斯州）

Southeast United States *(Alabama, Florida, Georgia, Mississippi, North Carolina, South Carolina, and Tennessee)*

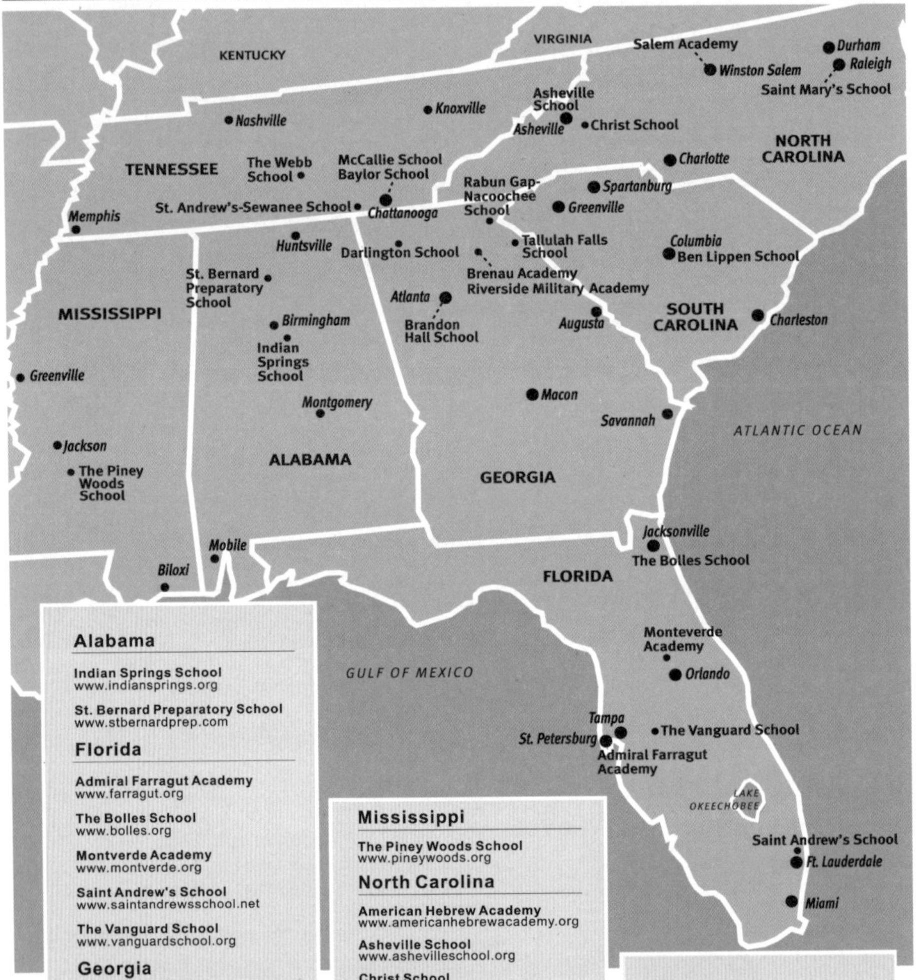

Alabama

Indian Springs School
www.indiansprings.org

St. Bernard Preparatory School
www.stbernardprep.com

Florida

Admiral Farragut Academy
www.farragut.org

The Bolles School
www.bolles.org

Montverde Academy
www.montverde.org

Saint Andrew's School
www.saintandrewsschool.net

The Vanguard School
www.vanguardschool.org

Georgia

Brandon Hall School
www.brandonhall.org

Brenau Academy
www.brenauacademy.org

Darlington School
www.darlingtonschool.org

Rabun Gap-Nacoochee School
www.rabungap.org

Riverside Military Academy
www.cadet.org

Tallulah Falls School
www.tallulahfalls.org

Mississippi

The Piney Woods School
www.pineywoods.org

North Carolina

American Hebrew Academy
www.americanhebrewacademy.org

Asheville School
www.ashevilleschool.org

Christ School
www.christschool.org

Saint Mary's School
www.saint-marys.edu

Salem Academy
www.salemacaemy.com

South Carolina

Ben Lippen School
www.Benlippen.com

Tennessee

Baylor School
www.baylorschool.org

McCallie School
go.mccallie.org

St. Andrew's-Sewanee School
www.sasweb.org

The Webb School
www.thewebbschool.com

美国东南部
（亚拉巴马州、弗罗里达州、乔治亚州、密西西比州、北卡罗纳州、南卡罗纳州、田纳西州）

Western United States *(California, Hawaii, Oregon, Utah, and Washington)*

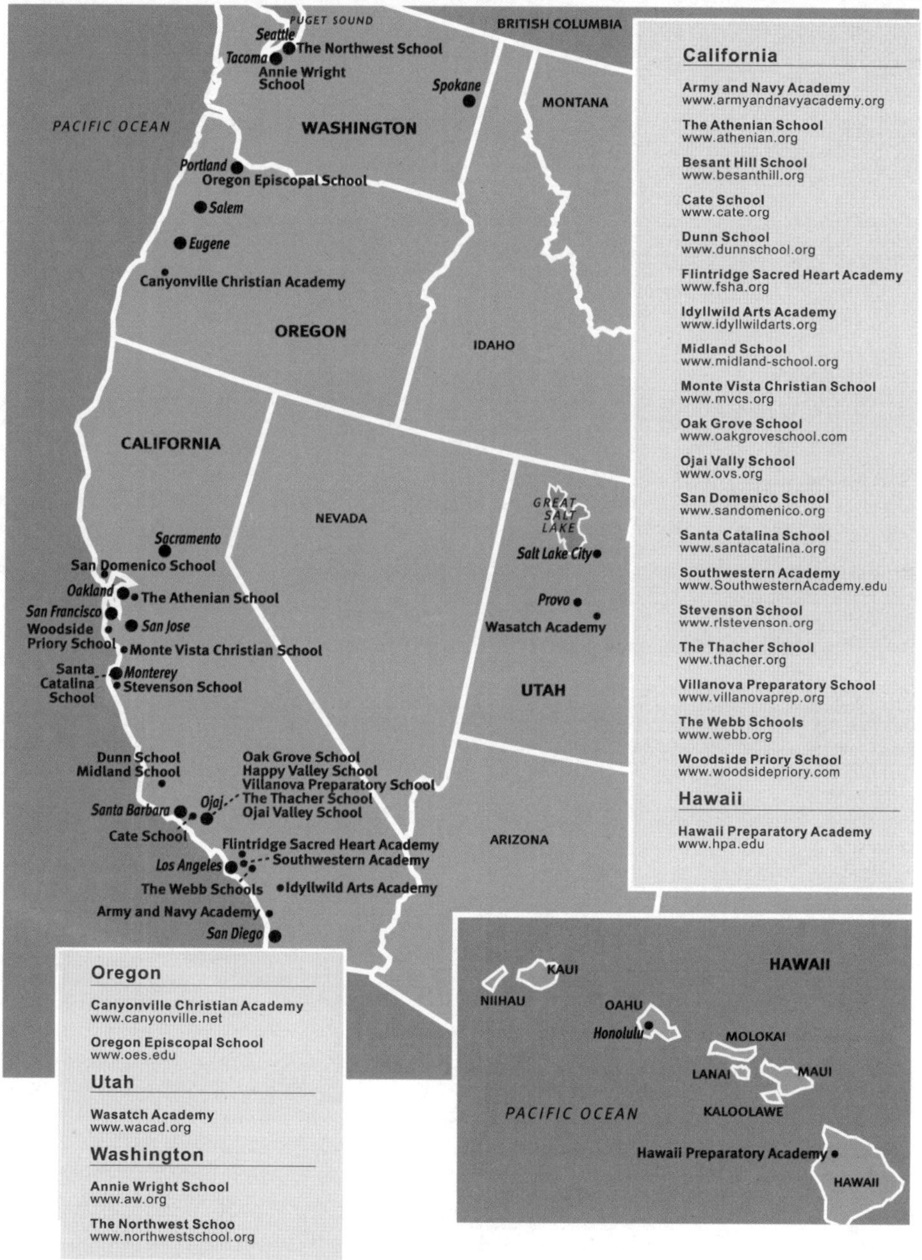

美国西部
（加利福尼亚州、夏威夷岛、俄勒冈州、犹他州、华盛顿州）

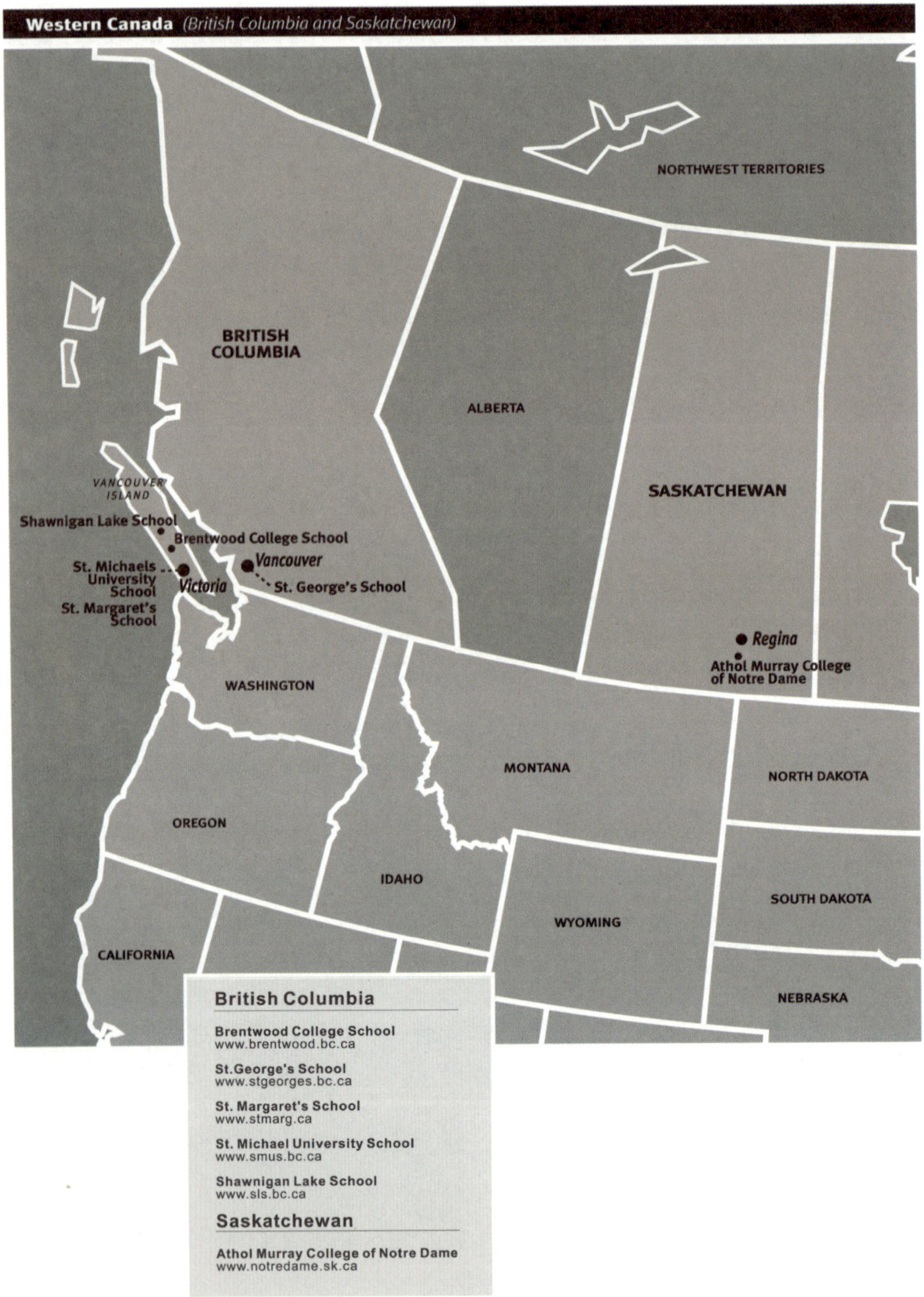

加拿大西部（英属哥伦比亚省和萨省）

Eastern Canada *(Manitoba, New Brunswick, Ontario, and Québec)*

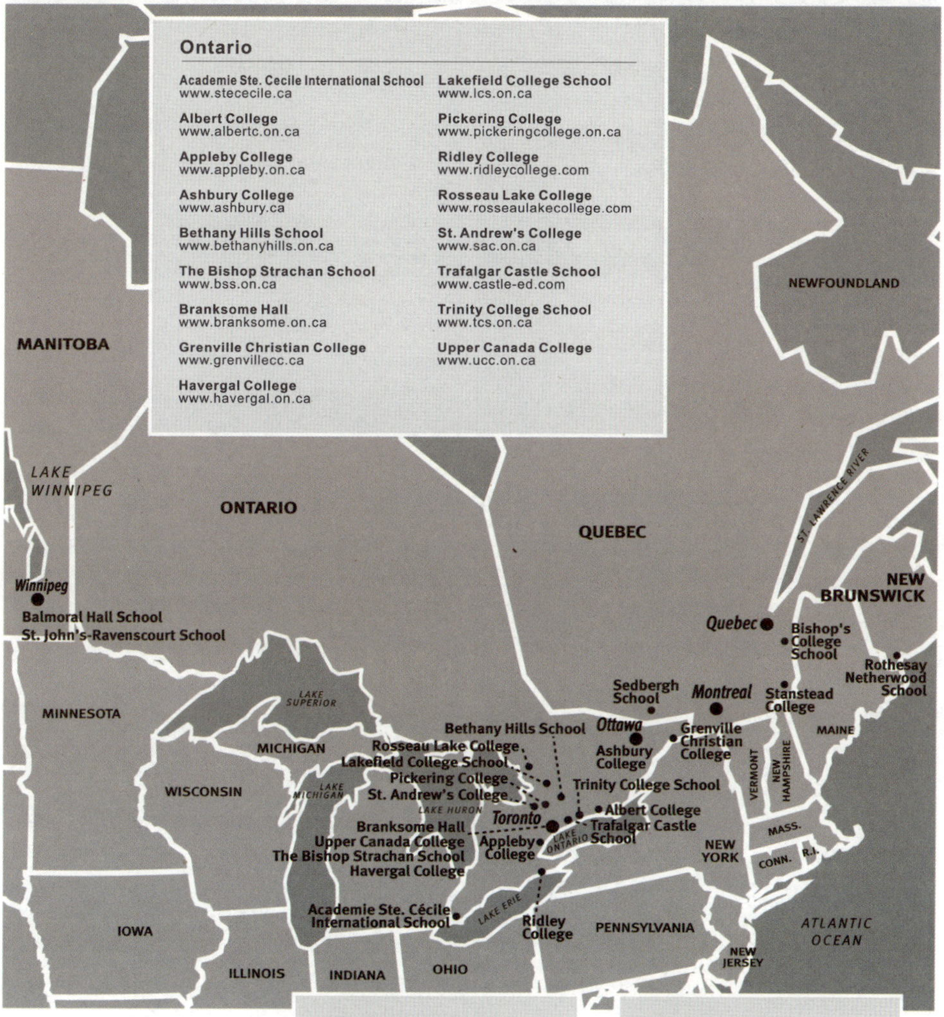

Ontario

Academie Ste. Cecile International School
www.stececile.ca

Albert College
www.albertc.on.ca

Appleby College
www.appleby.on.ca

Ashbury College
www.ashbury.ca

Bethany Hills School
www.bethanyhills.on.ca

The Bishop Strachan School
www.bss.on.ca

Branksome Hall
www.branksome.on.ca

Grenville Christian College
www.grenvillecc.ca

Havergal College
www.havergal.on.ca

Lakefield College School
www.lcs.on.ca

Pickering College
www.pickeringcollege.on.ca

Ridley College
www.ridleycollege.com

Rosseau Lake College
www.rosseaulakecollege.com

St. Andrew's College
www.sac.on.ca

Trafalgar Castle School
www.castle-ed.com

Trinity College School
www.tcs.on.ca

Upper Canada College
www.ucc.on.ca

Manitoba

Balmoral Hall School
www.balmoralhall.com

St. John's Ravenscourt School
www.sjr.mb.ca

New Brunswick

Rothesay Netherwood School
www.rns.cc

Québec

Bishop's College School
www.bishopscollegeschool.com

Sedbergh School
www.sedbergh.com

Stanstead College
www.stansteadcollege.com

加拿大东部
（曼尼托巴省、新布鲁斯威克省、安大略省、魁北克省）

Africa, Europe and Guam *(Tanzania, Switzerland, Austria, England and Guam)*

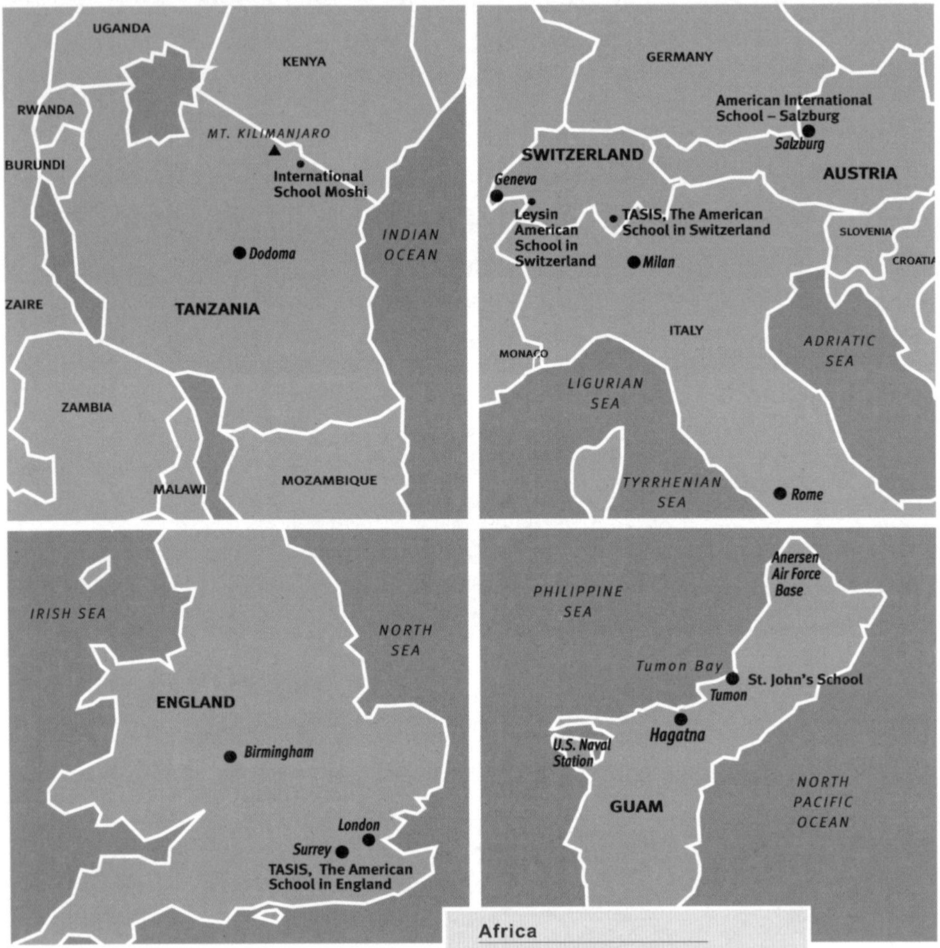

Africa

International School Moshi
www.ismoshi.org

Europe

American International School, Salzburg
www.ais-salzburg.at

TASIS, The American School in England
www.tasis.com/England/

TASIS, The American School in Switzerland
www.tasis.com

Leysin American School in Switzerland
www.las.ch

Jordan

King's Academy
www.kingsacademy.edu.jo

非洲（坦桑尼亚）
欧洲（瑞士、奥地利、英国、关岛）

TABS（北美寄宿中学协会）成员学校名称、网址

学校（英文名）	学校（中文名）	学校网址
Academy of the Sacred Heart	圣心学院	www.sshcoteau.org
Admiral Farragut Academy	法拉古特舰队上将中学	www.farragut.org
Albert College	阿尔伯特学院	www.albertcollege.ca
American Hebrew Academy	美国希伯来学院	www.americanhebrewacademy.org
American International School - Salzburg	美国国际学校——萨尔斯堡	www.ais-salzburg.at
Andrews Osborne Academy	安德森奥斯本学院	www.andrewsosborne.org
Annie Wright School	安妮怀特中学	www.aw.org
Appleby College	爱普比学院	www.appleby.on.ca
Army and navy academy	陆海军寄宿学校	www.armyandnavyacademy.org
Ashbury College	阿什伯里学院	www.ashbury.ca
Asheville School	阿什维尔学校	www.ashevilleschool.org
The Athenian School	雅典纳中学	www.athenian.org
Athol Murray College of Notre Dame	阿索尔姆雷圣母学院	www.notredame.ca
Avon Old Farms School	亚凡古农场中学	www.avonoldfarms.com
Balmoral Hall School	巴尔摩洛中学	www.balmoralhall.com
Bishop's College School	主教学院	www.bishopscollegeschool.com
Baylor School	贝勒中学	www.baylorschool.org
Bement School	比门特中学	www.bement.org
Ben Lippen School	本里鹏中学	www.BenLippen.com
Berkshire School	伯克希尔中学	www.berkshireschool.org
Besant Hill School	贝森山中学	www.besanthill.org/
Blair Academy	布莱尔学院	www.blair.edu
The Bishop Strachan School	斯特罗恩中学	www.bss.on.ca
Blue Ridge School	布里吉中学	www.blueridgeschool.com
Brandon Hall School	布兰登中学	www.brandonhall.org
The Bolles School	博尔斯学校	www.bolles.org
Branksome Hall	布兰克森霍尔学校	www.branksome.on.ca
Brehm Preparatory School	布雷姆预科学校	www.brehm.org

学校（英文名）	学校（中文名）	学校网址
Brentwood College School	班特伍德中学	www.brentwood.bc.ca
Brewster Academy	布鲁斯特学院	www.brewsteracademy.org
The Brook Hill School	布鲁克希尔中学	www.brookhill.org
Brooks School	布鲁克斯学校	www.brooksschool.org
Buffalo Seminary	布法罗女子学院	www.BuffaloSeminary.org
Buxton School	巴克斯顿中学	www.BuxtonSchool.org
The Cambridge Schoolof Weston	威斯顿剑桥学校	www.csw.org
Canterbury School	坎特伯雷中学	www.cbury.org
Canyonville Christian Academy	肯亚维尔基督教中学	www.canyonville.net
Cardigan Mountain School	卡迪根山中学	www.cardigan.org
Carson Long Military Academy	卡森龙军校	www.carsonlong.org
Cate School	凯特中学	www.cate.org
CFS, The School at Church Farm	教会农场学校	www.gocfs.net
Chaminade College Preparatory School	查米纳德学院预备学校	www.chaminade-stl.org
Chapel Hill-Chauncy Hall School	查塔姆霍尔学校	www.chch.org
Chatham Hall	查塔姆霍尔学校	www.chathamhall.org
Cheshire Academy	柴郡中学	www.cheshireacademy.org
Choate Rosemary Hall	乔特罗斯玛丽中学	www.choate.edu
Christ School	耶稣男子学校	www.christschool.org
Christchurch School	基督教中学	www.christchurchschool.org
Colorado Rocky Mountain School	科罗拉多洛基山高中	www.crms.org
Concord Academy	康科德学院	www.concordacademy.org
Concordia High School	康考迪亚高级中学	www.concordiahigh.ca
Cotter Schools	科特中学	www.cotterschools.org
Cranbrook Schools	克瑞布鲁克中学	www.schools.cranbrook.edu
Culver Academies	柯尔沃学院	www.culver.org
Cushing Academy	库欣学院	www.cushing.org
Dana Hall School	达娜豪尔女子高中	www.danahall.org
Darlington School	达林顿学校	www.darlingtonschool.org
Darrow School	达罗高中	www.darrowschool.org

学校（英文名）	学校（中文名）	学校网址
Deerfield Academy	迪尔菲尔德学院	www.deerfield.edu
Dublin School	都柏林学校	www.dublinschool.org
Dunn School	邓恩中学	www.dunnschool.org
Eagle Hill School	鹰山学校	www.ehs1.org
Eaglebrook School	鹰溪中学	www.eaglebrook.org
Emma Willard School	艾玛威拉德女子中学	www.emmawillard.org
The Ethel Walker School	艾索沃克女子高中	www.ethelwalker.org
Episcopal High School	主教高中	www.episcopalhighschool.org
Fay School	菲尔中学	www.fayschool.org
Fenster School	范斯特学校	www.FensterSchool.org
The Fessenden School	菲斯登学校	www.fessenden.org
Flintridge Sacred Heart Academy	福临特里奇圣心学院	www.fsha.org
Fork Union Military Academy	福克连和军校	www.forkunion.com
The Forman School	福尔曼高中	www.formanschool.org
Fountain Valley School of Colorado	科罗拉多喷泉谷学校	www.fvs.edu
Foxcroft School	福克斯克罗夫特女子学校	www.foxcroft.org
Fryeburg Academy	福莱伯学院	www.fryeburgacademy.org
Garrison Forest School	格瑞森林中学	www.gfs.org
George School	乔治高中	www.georgeschool.org
George Stevens Academy	乔治史蒂文斯学院	www.georgestevens.org
Georgetown Preparatory School	乔治城预备学校	www.gprep.org
Gilmour Academy	盖尔默学院	www.gilmour.org
Girard College	歌德学院	www.girardcollege.edu
The Glenholme School	戈蓝豪理姆学校	www.theglenholmeschool.org
Gould Academy	高德学院	www.gouldacademy.org
The Governor's Academy	伽文纳中学	www.thegovernorsacademy.org
The Gow School	高尔中学	www.gow.org
The Grand River Academy	葛兰高中	www.grandriver.org
The Greenwood School	格林伍德学校	www.greenwood.org
The Grier School	格里尔女子中学	www.grier.org

学校（英文名）	学校（中文名）	学校网址
Groton School	格罗顿学校	www.groton.org
The Gunnery	葛纳瑞高中	www.gunnery.org
Hampshire Country School	罕布什尔乡村学校	www.hampshirecountryschool.org
Hargrave Military Academy	哈格雷夫军事高中	www.hargrave.edu
Havergal College	海福格尔学院	www.havergal.on.ca
Hawaii Preparatory Academy	夏威夷预备学院	www.hpa.edu
Hebron Academy	希布尔中学	www.hebronacademy.org
High Mowing School	海莫宁高中	www.highmowing.org
The Hill School	希尔中学	www.thehill.org
Hillside School	希尔塞得中学	www.hillsideschool.net
The Hockaday School	霍克黛女子学校	www.hockaday.org
Holderness School	胡德尼斯中学	www.holderness.org
Hoosac School	胡沙克中学	www.hoosac.com
The Hotchkiss School	霍奇基斯中学	www.hotchkiss.org
Houghton Academy	霍顿学院	www.houghtonacademy.org
Hyde School	海德学校	www.hyde.edu
Hyde School	海德学校	www.hyde.edu
The Hun School of Princeton	普林斯顿胡恩中学	www.hunschool.org
The Howe School	豪威军事学院	www.thehoweschool.org
Idyllwild Arts Academy	加州艺术高中	www.idyllwildarts.org
Indian Mountain School	印第安纳山中学	www.indianmountain.org
Indian Springs School	印第安泉中学	www.indiansprings.org
Interlochen Arts Academy	因特劳艺术学院	www.interlochen.org
Kent School	肯特高中	www.kent-school.edu
Kents Hill School	普特山学校	www.kentshill.org
The Kildonan School	克尔德南高中	www.kildonan.org
Kimball Union Academy	金博联合学院	www.kua.org
King's Academy	国王学院	www.kingsacademy.edu.jo
The Kiski School	科士奇高中	www.kiski.org
The Knox School	诺克斯学院	www.knoxschool.org

学校（英文名）	学校（中文名）	学校网址
La Lumiere School	拉路米亚中学	www.lalumiere.org
Lake Forest Academy	湖森中学	www.lfanet.org
Lakefield College School	雷克湖中学	www.lcs.on.ca
Lawrence Academy	劳伦斯中学	www.lacademy.edu
The Lawrenceville School	劳伦斯威尔高中	www.lawrenceville.org
Lee Academy	李学院	www.leeacademy.org
The Leelanau School	李兰诺中学	www.leelanau.org
Leysin American School in Switzerland	瑞士莱辛美国学校	www.las.ch
Linden Hall	林顿女子中学	www.lindenhall.org
The Linsly School	林斯里学校	www.linsly.org
The Loomis Chaffee School	鲁米斯查菲高中	www.loomis.org
The Lowell Whiteman School	娄尔怀特曼高中	www.lws.edu
Lyndon Institute	林顿学院	www.lyndoninstitute.org
The Madeira School	玛黛拉女子中学	www.madeira.org
Maine Central Institute	缅因中央学院	www.mci-school.org
Marianapolis Preparatory School	玛丽安娜波莉兹中学	www.marianapolis.org
Marine Military Academy	德州海军中学	www.mma-tx.org
The Marvelwood School	麻渥伍德中学	www.marvelwood.org
Massanutten Military Academy	马萨纳腾军事学院	www.militaryschool.com
The Masters School	迈斯特中学	www.mastersny.org
Maur Hill-Mount Academy	麦尔学院	www.mh-ma.com
McCallie School	麦卡利中学	www.mccallie.org
McDonogh School	麦克多纳学校	www.mcdonogh.org
Menaul School	莫努尔学校	www.menaulschool.com
Mercersburg Academy	摩尔西斯堡学院	www.mercersburg.edu
Middlesex School	米德尔塞克斯中学	www.mxschool.edu
Midland School	米德兰中学	www.midland-school.or
Millbrook School	米尔布鲁克学校	www.millbrook.org
Miller School of Albemarle	米勒中学	www.millerschool.org
Milton Academy	米尔顿高中	www.milton.edu

学校（英文名）	学校（中文名）	学校网址
Milton Hershey School	米尔顿河塞中学	www.mhs-pa.org
Miss Hall's School	霍尔女子中学	www.misshalls.org
Miss Porter's School	波特女子高中	www.porters.org/admission
Missouri Military Academy	密苏里军事学院	www.MissouriMilitaryAcademy.org
Monte Vista Christian School	蒙地维塔中学	www.mvcs.org
Montverde Academy	蒙特沃德学院	www.montverde.org
New Hampton School	新汉普顿中学	www.newhampton.org
New York Military Academy	纽约军事学院	www.nyma.org
North Central Texas Academy	德克萨斯州北部学院	www.northcentraltexasacademy.org
North Country School	北郡中学	www.northcountryschool.org
Northfield Mount Hermon School	北野山高中	www.nmhschool.org
The Northwest School	西北中学	www.northwestschool.org
Northwood School	北林中学	www.northwoodschool.com
Oak Hill Academy	橡树山学校	www.oak-hill.net
Oakwood Friends School	欧克中学	www.oakwoodfriends.org
Ojai Valley School	欧佳谷中学	www.ovs.org
Oldfields School	欧菲尔姿女子中学	www.oldfieldsschool.org
Olney Friends School	奥内・弗莱德学校	www.olneyfriends.org
Oregon Episcopal School	俄勒冈主教高中	www.oes.edu
The Orme School of Arizona	奥玛中学	www.ormeschool.org
The Oxford Academy	牛津学院	www.oxfordacademy.net
Peddie School	佩迪中学	www.peddie.org
The Pennington School	潘宁顿中学	www.pennington.org
The Perkiomen School	伯克曼中学	www.perkiomen.org
The Phelps School	费尔普斯男子中学	www.thephelpsschool.org
Phillips Academy	安多佛菲利普斯学校	www.andover.edu
Phillips Exeter Academy	菲利普斯埃克塞特中学	www.exeter.edu
Pickering College	匹克林学院	www.pickeringcollege.on.ca
Pomfret School	庞弗雷特中学	www.pomfretschool.org
Portsmouth Abbey School	朴茨茅斯修道院中学	www.portsmouthabbey.org

学校（英文名）	学校（中文名）	学校网址
Proctor Academy	普洛克学院	www.proctoracademy.org
Purnell School	普儒诺女子中学	www.purnell.org
The Putney School	帕特尼中学	www.putneyschool.org
Queen Margaret's School	皇后玛格丽特中学	www.qms.bc.ca
Rabun Gap-Nacoochee School	冉本·盖普照·娜库奇中学	www.rabungap.org
Randolph-Macon Academy	蓝道夫马肯中学	www.rma.edu
The Rectory School	瑞克特瑞中学	www.rectoryschool.org
Ridley College	瑞德里学院	www.ridleycollege.com
Riverside Military Academy	河滨军事中学	www.riversidemilitary.com
Rock Point School	洛克庞特中学	www.rockpoint.org
Ross School	罗斯中学	www.ross.org
Rosseau Lake College	罗索湖学院	www.rosseaulakecollege.com
Rothesay Netherwood School	罗西莱德学校	www.rns.cc
Rumsey Hall School	岚基昊学校	www.rumseyhall.org/
St. Albans School	圣奥尔本斯中学	www.stalbansschool.org
St. Andrew's College	圣安德鲁学院	www.sac.on.ca
St. Andrew's School	圣安德鲁斯中学	www.standrews-de.org
St. Andrew's School	圣安德鲁学校	www.standrews-ri.org
Saint Andrew's School	圣安德鲁斯中学	www.saintandrews.net/
St. Andrew's-Sewanee School	圣安德鲁–西瓦尼中学	www.sasweb.org/admissions/index.aspx
St. Anne's-Belfield School	圣安尼–贝尔费德中学	www.stab.org
St. Bernard Preparatory School	圣伯纳德预备中学	www.stbernardprep.com
St. Catherine's Academy	圣凯瑟琳学院	www.stcatherinesacademy.org
St. George's School	圣乔治学校	www.stgeorges.bc.ca
St. George's School	圣乔治学校	www.stgeorges.edu
Saint James School	圣詹姆斯学校	www.stjames.edu
St. John's Military School	圣约翰军事学院	www.sjms.org
St. John's Northwestern Military Academy	圣约翰西北军校	www.sjnma.org
Saint John's Preparatory School	圣约翰预备中学	www.sjprep.net
St. Johnsbury Academy	圣约翰学院	www.stjohnsburyacademy.org

学校（英文名）	学校（中文名）	学校网址
St. John's-Ravenscourt School	圣约翰中学	www.sjr.mb.ca
St. Margaret's School	圣玛格丽特女子学校	www.sms.org
St. Margaret's School	圣玛格丽特女子学校	www.stmarg.ca
St. Mark's School	圣马克中学	www.stmarksschool.org
Saint Mary's School	圣玛丽女子中学	www.sms.edu
St. Michaels University School	圣迈克学院	www.smus.ca
St. Paul's School	圣保罗中学	www.sps.edu
St. Stephen's Episcopal School	圣斯蒂芬主教中学	www.sstx.org
St. Thomas Choir School	圣托马斯唱诗班学校	www.choirschool.org
St. Thomas More School	圣托马斯男校	www.stmct.org
St. Timothy's School	圣提茅斯女子中学	www.stt.org
Salem Academy	塞伦学院	www.salemacademy.com
Salisbury School	梳士巴利男子学校	www.salisburyschool.org
San Domenico School	圣多明尼哥中学	www.sandomenico.org
San Marcos Baptist Academy	圣马克斯中学	www.smabears.org
Sandy Spring Friends School	珊帝泉友高中	www.ssfs.org
Santa Catalina School	圣卡塔利娜学校	www.santacatalina.org
Scattergood Friends School	斯卡特古德学校	www.scattergood.org
Shady Side Academy	桑迪赛德学院	www.shadysideacademy.org
Shattuck-St. Mary's School	圣玛丽高中	www.s-sm.org
Shawnigan Lake School	桑列根湖学校	www.shawnigan.ca
Solebury School	索尔伯瑞中学	www.solebury.org
South Kent School	南肯特高中	www.southkentschool.org
Southwestern Academy	西南学院	www.southwesternacademy.edu
Southwestern Academy (CA)	西南中学	www.southwesternacademy.edu
Stanstead College	斯坦斯蒂学院	www.stansteadcollege.com
Stevenson School	史蒂文森中学	www.stevensonschool.org
Stoneleigh-Burnham School	思德博翰女子学校	www.sbschool.org
The Stony Brook School	石溪中学	www.stonybrookschool.org
The Storm King School	斯特姆国王学校	www.sks.org

学校（英文名）	学校（中文名）	学校网址
Stuart Hall School	斯图亚特霍尔学校	www.stuart-hall.org
Subiaco Academy	苏比雅克中学	www.subiacoacademy.us
Suffield Academy	萨菲尔德中学	www.suffieldacademy.org
Tabor Academy	泰博学院	www.taboracademy.org
The Taft School	塔夫脱中学	www.taftschool.org
Tallulah Falls School	塔卢拉弗中学	www.tallulahfalls.org
TASIS, The American School in England	英格兰美国学校	www.tasisengland.org
TASIS, The American School in Switzerland	瑞士美国学校	www.tasis.com
The Thacher School	撒切尔学校	www.thacher.org
Thomas Jefferson School	托马斯杰弗逊学校	www.tjs.org
Thomas More Prep-Marian	托马斯摩尔中学	www.tmp-m.org
Thornton Academy	桑顿中学	www.thorntonacademy.org
Tilton School	提尔顿中学	www.tiltonschool.org
TMI - The Episcopal School of Texas	德克萨斯主教中学	www.tmi-sa.org
Trafalgar Castle School	特拉法加城堡女子学校	www.castle-ed.com
Trinity College School	三一学院中学	www.tcs.on.ca
Trinity-Pawling School	圣三一珀林中学	www.trinitypawling.org
Upper Canada College	上加拿大学院	www.ucc.on.ca
Valley Forge Military Academy	瓦莱弗格军事学院	www.academy.vfmac.edu
The Vanguard School	先锋学校	www.vanguardschool.org
Verde Valley School	佛得谷学校	www.vvsaz.org
Vermont Academy	佛蒙特学院	www.vermontacademy.org
Villanova Preparatory School	维拉诺瓦高中	www.villanovaprep.org
Virginia Episcopal School	弗吉尼亚主教中学	www.ves.org
Walunt Hill School for the Arts	胡桃山艺术中学	www.walnuthillarts.org
Wasatch Academy	瓦萨奇中学	www.wasatchacademy.org
Washington Academy	华盛顿学院	www.washingtonacademy.org
Wayland Academy	韦兰学院	www.wayland.org
The Webb School	韦伯中学	www.thewebbschool.com
The Webb Schools	韦伯中学	www.webb.org

学校（英文名）	学校（中文名）	学校网址
Wentworth Military Academy	温特沃斯军事学院	www.wma.edu
West Nottingham Academy	西诺丁汉学院	www.wna.org
Wesern Reserve Academy	西储学院	www.wra.net
Westminster School	威斯敏斯特学院	www.westminster-school.org
Westover School	威斯多佛学校	www.westoverschool.org
Westtown School	西城中学	www.westtown.edu
The White Mountain School	白山中学	www.whitemountain.org
Wilbraham&Monson Academy	韦伯拉汉莫森中学	www.wma.us
The Williston Northampton School	威利斯顿・诺塞普顿中学	www.williston.com
The Winchendon School	温彻顿中学	www.winchendon.org
Wolfeboro: Summer Boarding School	沃夫博乐暑期寄宿学校	www.wolfeboro.org
Woodberry Forest School	乌德贝里森林学校	www.woodberry.org
The Woodhall School	伍德霍尔中学	www.woodhallschool.org
Woodlands Academy of the Sacred Heart	伍德兰兹圣心学院	www.woodlandsacademy.org
Woodside Priory School	伍德赛德中学	www.prioryca.org
Worcester Academy	伍斯特学院	www.worcesteracademy.org
Wyoming Seminary	怀俄明高中	www.wyomingseminary.org

后　记

这本书的完成首先要感谢海移的每一位成员，没有你们在工作和精神上的支持，这本书不可能如期完成。还有一路支持我们工作的热心家长、同学，谢谢你们无私的建议和分享，让我们在协助小朋友成长的同时，也跟着你们一起成长。

还要感谢给本书提出文字素材的 TABS 北美寄宿中学协会；

SSAT 考试局 Kate Auger-Campbell (SSATB);

美国圣保罗中学招生主任 Scott Bohan (St. Paul’s School);

美国霍奇基斯中学副校长 Manjula Salomon (The Hotchkiss School);

美国怀俄明中学招生主任 John Eidam (Wyoming Seminary College Preparatory School);

美国史蒂文森中学招生主任 Tom Sheppard (Stevenson School);

美国北野山中学招生主任 Metta Dael (Northfield Mount Hermon School);

美国比门特初中校长 Shelley Jackson (Bement School);

美国乌德贝里森林男子中学招生主任 Jason Slade (Woodberry Forest School);

美国艾玛维拉女子中学招生主任 Jeffrey Pilgrim (Emma Willard School);

加拿大桑列根湖学校基金会主任 Ryan Panton (Shawnigan Lake School);

加拿大高贵林百年纪念中学校长 Stephen Rogers (Centennial Secondary School);

以及媒体记者朋友们,《出国策》节目总策划傅小民先生和全体制作团队、中央电视台、北京晚报、北京电视台、《新闻晨报》等等。

最后感谢的就是我的父母和家人,你们给我的鼓励和包容是完成本书的重要能源!

每年赴美加高中留学的情势都在变化,让我们团队的工作更富挑战性。看着满意的家长和迅速成长的孩子,也给我们的工作带来成就。我衷心地希望本书可以给读者带来生活和教育规划上的帮助,也欢迎给我更多的批评和指教。

Lucy SHIH

2012 年 10 月